数据化运营

赵佳莹　史丽芳　吴启恒　主编

浙江工商大学出版社　杭州
ZHEJIANG GONGSHANG UNIVERSITY PRESS

图书在版编目（CIP）数据

数据化运营 / 赵佳莹，史丽芳，吴启恒主编 . — 杭
州：浙江工商大学出版社，2024.2
ISBN 978-7-5178-5860-7

Ⅰ . ①数… Ⅱ . ①赵… ②史… ③吴… Ⅲ . ①电子商
务—数据处理—教材 Ⅳ . ① F713.36 ② TP274

中国国家版本馆 CIP 数据核字（2024）第 000994 号

数据化运营
SHUJUHUA YUNYING

赵佳莹　　史丽芳　吴启恒　主编

策划编辑	王黎明
责任编辑	王　琼
封面设计	胡　晨
责任校对	李远东
责任印制	包建辉
出版发行	浙江工商大学出版社

（杭州市教工路 198 号　邮政编码 310012）
（E-mail：zjgsupress@163.com）
（网址：http://www.zjgsupress.com）
电话：0571-88904980，88831806（传真）

排　　版	浙江大千时代文化传媒有限公司
印　　刷	浙江全能工艺美术印刷有限公司
开　　本	787 mm×1092 mm　1/16
印　　张	11.75
字　　数	213 千
版 印 次	2024 年 2 月第 1 版　2024 年 2 月第 1 次印刷
书　　号	ISBN 978-7-5178-5860-7
定　　价	58.00 元

编写委员会

主　编　赵佳莹　史丽芳　吴启恒

副主编　郑雅丹　北京博导前程信息技术股份有限公司

内容提要

本书是在《电子商务数据分析职业技能等级标准》（中级）的基础上，结合网店数字化运营的岗位标准和职业技能大赛的技能标准，设计的工作手册式教材。

本书根据数据分析在网店运营中的应用场景和逻辑分为市场定位与运营规划、商品推广效果分析及优化、供应链管理效果分析及优化、客户运营效果分析及优化、店铺综合运营诊断及优化，共 5 个工作领域、15 个任务、29 个子任务。本书运用 Excel 完成网店运营场景下的数据分析工作，辅助运营决策。

本书既可作为应用型本科院校、高等职业院校电子商务、经济管理、市场营销等专业的教材，也可供企业管理者和运营数据分析人员，以及对网店运营、数据分析感兴趣的读者参考阅读。

前　言

根据《"十四五"数字经济发展规划》，数据要素是数字经济深化发展的核心引擎。我们应利用数据要素，推动制造业、服务业、农业等产业数字化，促进数字经济和实体经济融合发展。

2019 年，国务院印发的《国家职业教育改革实施方案》明确指出，"着力培养高素质劳动者和技术技能人才……为促进经济社会发展和提高国家竞争力提供优质人才资源支撑"。其中的一项关键性举措就是启动 1+X 证书制度试点工作，培养能够适应我国产业快速转型的复合型技术技能人才。

在数字经济发展和 1+X 证书制度试点工作启动的背景下，我校联合相关企业进行"电商数据分析"课程改革，基于网店数字化运营岗位的技能要求，以"精确分析、精准运营"为技术引领，运用"岗课赛证"育人模式，传授网店运营场景下数据分析的知识、技能和素养，培养能收集、处理、统计和优化运营的数字化运营人才，助力企业数字化转型。

本书作为"电商数据分析"课程改革的重要载体，依据专业类教学质量国家标准、职业技能等级标准，应用大量的企业案例、运营数据，以及理论和实训的教学视频，驱动学生以课前自学、课中研学和课后拓学的形式完成数字化运营任务，辅助教师在"岗课赛证"育人模式下完成实训教学。

本书有如下特色：

1. 融入"岗课赛证"育人模式，创新教材形式

本书是以学生为中心、以学习成果为导向设计的实训教材。在 1+X 电子商务数据分析职业技能等级证书（中级）知识模块的基础上，结合网店数字化运营的岗位标准和职业技能大赛的技能标准，设置任务背景、任务分析、任务操作、知识园地、思考和岗课赛证小贴士，实现对所学知识、技能的系统化训练，做到岗课赛证融通。

2. 结合网店运营场景和逻辑，丰富教材内容

本书共有 5 个工作领域、15 个任务、29 个子任务；同时配备丰富的资源，方便读者学习。

一是微课视频：每个任务中都提供了理论和实训微课视频，读者可扫二维码观看。二是线上课程：读者可访问智慧职教平台 MOOC 学院搜索"电商数据分析"课程，加入班级学习。三是教学资源：本书还提供 PPT、实训源数据和答案，辅助教师开展实践教学。

3. 内化素养，外化行动，构建思政育人新路径

基于党的二十大精神，本书以数字化运营岗位工作流程为主线，在数据收集、数据处理、统计分析和运营优化中，依次融入法制教育、职业道德和职业理想教育、劳动教育以及社会主义核心价值观教育，在思考模块以及线上教学视频中体现思政育人和专业技能育人有机融合，实现课程思政全渗透。

由于编者水平有限，书中若存在疏漏和不足之处，恳请广大读者及专家不吝赐教。

赵佳莹

2024 年 1 月 15 日

目 录

工作领域 **1**

市场定位
与运营规划

任务1 | 行业现状和趋势分析

■ **知识目标**

掌握分析目标行业需采集的数据指标、来源和工具。

理解市场容量的定义和作用。

掌握市场容量分析的步骤。

掌握行业集中度的计算方法。

掌握市场需求分析的内容。

■ **能力目标**

能够制订目标行业数据采集与处理方案。

能够通过市场容量分析、行业集中度分析和市场需求分析判断市场行情。

■ **素质目标**

遵守计算机信息技术相关法律法规及数据分析岗位的职业道德，合理合法地进行数据收集。

在数据分析指标制订、数据采集渠道和工具选择中初步形成客观、严谨、求真务实的职业素养。

结合店铺实际情况，以爱岗敬业、坚持不懈、有耐心的钉子精神和劳动精神来分析行业市场情况，提出科学合理的店铺运营规划建议。

■ **学习素材**

慕课：任务1 行业现状和趋势分析。

子任务1 目标行业数据采集与处理方案制订

任务背景

电商企业在进入新的行业前，需要全面了解行业发展状况，以提前规避风险，避免进入红海行业或处于衰退期的行业。某电商企业想要探索厨房电器行业，对该行业进行市场容量分析和行业集中度分析，请针对企业需求撰写数据采集与处理方案。

任务分析

本任务要求对厨房电器行业进行分析，通过制订厨房电器行业的数据采集与处理方案，分析该行业的市场容量和行业集中度。请思考分析市场容量和行业集中度需要采集哪些数据指标（学习子任务2和子任务3），以及运用什么工具、从什么渠道采集。

任务操作

步骤1，确定数据分析背景与目标。
步骤2，确定数据分析指标。
步骤3，确定数据采集渠道及工具。
步骤4，撰写数据采集与处理方案。
请按照以上步骤完成表1-1。

任务1 行业现状和趋势分析（1）

任务1 行业现状和趋势分析（2）

表1-1 目标行业数据采集与处理方案

背景介绍	
数据分析目标	
数据分析指标	
数据采集渠道及工具	

数据采集与处理方案有助于电商企业更好地开展数据分析工作，其内容主要包含数据分析目标的制订、数据分析指标的制订以及数据采集渠道和工具的选择。

制订数据分析的目标时，通常需要以数据分析需求为依据。需求分析的步骤包含需求筛选、需求透视和需求排序，即筛选出合理的、能够实现的需求，并通过进一步分析提炼出需求的具体内容，最后将所有需求按优先级进行排序。

在进行需求分析的过程中需要遵循以下三大原则。

真实性：分析所提出的需求是否真正服务于企业发展，在现实场景中是否真实存在，过滤掉不切实际的伪需求。

可行性：分析所提出的需求能够为企业实现多少价值，需要付出多少成本，过滤掉价值低、投入产出比低的需求。

价值性：分析所提出的需求在现有资源条件下能否实现，过滤掉超出企业能力范围的需求。

案例解读

淘宝网上某网店长期经营零食坚果类商品，市场采购部近期计划增加产品种类，在"小银杏""杏鲍菇""碧根果"3种商品中选择1种，那么作为数据分析专员，请你制订数据采集与处理方案。

步骤1：确定数据分析目标

在上述案例中，制订数据采集与处理方案时可能会存在2个目标：哪一种商品最受欢迎，哪一种商品利润最高。应该采用哪个目标呢？

根据需求分析的真实性原则，第二个目标是由卖家根据商品的利润高低来选择的，如果卖家通过提高定价来获得高利润，那么当消费者无法接受该价格时，商品就无法出售，即出现"有价无市"的现象。因此该需求为伪需求，违反了真实性原则。而第一个目标代表商品经营选择由市场来决定，较合理，故选择该目标开展后续的数据分析工作。

步骤 2：确定数据分析指标

选择合适的数据分析指标是进行数据分析并得出结论的重要保障。根据数据分析的场景，可以将数据分析指标分为市场数据指标、运营数据指标和产品数据指标。表 1-2 为常见的数据分析指标。

表 1-2　常见的数据分析指标

指标	类型	具体内容
市场数据指标	行业数据指标	行业总销售额、行业增长率等行业发展数据 需求量、品牌偏好、价格偏好、性能偏好等市场需求数据
	竞争数据指标	竞争对手的月销售额、客单价等交易数据 竞争对手的活动类型、活动周期、活动力度等营销活动数据 竞争对手产品的类目、标题、核心卖点、商品评价等产品运营数据
运营数据指标	客户数据指标	浏览量、收藏量、访问深度、平均停留时间等客户行为数据 性别、年龄、职业、消费水平、价格偏好、产品偏好等客户画像数据
	推广数据（包含流量数据）指标	各个渠道的展现量、点击量、点击人数、点击率、跳失率、转化率、平均点击单价、总花费、投入产出比等
	销售数据指标	销售额、订单量、客单价、笔单价等交易数据 响应时长、询单转化率、退货率、退货金额等服务数据
	供应链数据指标	采购数量、采购单价、采购时间、供应商交易数、供应商好评率、供应商信誉分等采购数据 物流揽收包裹数、支付-揽收时长、揽收-签收时长、包裹破损率、签收异常数等物流数据
产品数据指标	企业产品数据指标	新客点击量、复购率、新增粉丝数等产品获客能力数据 客单价、笔单价、毛利率等产品盈利能力数据
	行业产品数据指标	搜索人气、搜索热度、交易指数等

市场数据指标包含行业数据指标和竞争数据指标。其中行业数据指标用于分析行业发展前景和市场需求情况等。竞争数据指标用于监控并分析竞争对手店铺或竞品的交易动态、营销活动和产品运营情况等。

运营数据指标包含客户数据指标、推广数据指标、服务数据指标和供应链数据指标。其中客户数据指标用于分析客户在店铺的浏览、收藏等行为，以及构建店铺目标客户画像等。推广数据指标用于分析流量推广在各个渠道的效果及各类营销活动的开展效果。销售数据指标用于分析店铺交易情况及客服咨询转化情况。供应链数据指标用于分析采购、物流、仓储方面的效率和管理情况。

产品数据指标包含企业产品数据指标和行业产品数据指标。其中企业产品数据指标用于分析店铺产品在一段时间内的获客和盈利情况。行业产品数据指标用于分析市场上某款产品的搜索和销售情况，以辅助店铺产品类目选择。

基于该案例的数据分析目标——哪一种商品最受欢迎，可以得出应采用行业产品数据指标中的搜索人气、搜索热度和交易指数作为数据分析指标。这些指标能够反映 3 种商品在市场上的受欢迎程度。为什么不采用企业产品数据指标呢？因为这类数据指标需要有一段时间的经营数据，而案例中店铺未经营过这 3 种商品，故不采用。

步骤 3：确定数据采集渠道及工具

针对电商数据，数据采集渠道主要包括电子商务网站、店铺后台或平台提供的数据工具，政府部门、机构协会、媒体，以及权威网站数据机构等。

不同的数据采集渠道所提供的数据类型不同，电商企业可根据实际需要进行选择。表 1-3 为常用数据采集渠道及对应的数据类型。

表 1-3　常用数据采集渠道及对应的数据类型

数据采集渠道	数据类型	典型代表
电子商务网站、店铺后台或平台提供的数据工具	产品数据、市场数据、运营数据、人群数据等	生意参谋、京东商智
政府部门、机构协会、媒体	行业数据	国家及其他各级统计局、各类协会、电视台、报纸、杂志等
权威网站数据机构	行业数据、产品数据	艾瑞咨询、199IT 等
指数工具	行业数据、人群数据	百度指数、360 趋势等

第一类采集渠道，能够采集产品数据、市场数据、运营数据及人群数据等。典型代表如淘宝的生意参谋及京东商智。这一类渠道可采集的数据种类非常广泛。

第二类采集渠道，能够采集行业数据。典型代表如国家及其他各级统计局、各类协会、电视台、报纸、杂志等。

第三类渠道，能够采集行业数据及产品数据。典型代表如艾瑞咨询、199IT 等。但在数据机构的选择中需要谨防个人网站，它不具有权威性，不适合用来采集和分析数据。

第四类渠道，能够采集行业数据及人群数据。典型代表如百度指数、360 趋势等。以前阿里指数也是一个指数工具，但是现在已经被并入生意参谋当中了。

针对不同的采集渠道，可以选择不同的采集工具。具体选择时，应考虑各种工具的适用范围，以及具体功能等因素。表 1-4 为常用数据采集工具及对应功能和适用范围。

表 1-4　常用数据采集工具及对应功能和适用范围

数据采集工具	功能及适用
生意参谋	产品的流量、交易、客户、服务等数据 市场趋势、规模、人群等数据
店铺后台	订单具体信息，如订单编号、下单时间、客户 ID、客户下单数量、配送地址等
逐鹿工具箱	淘宝平台上的市场行情、竞争等数据
店侦探	竞品、竞店推广渠道、排名、销售动态等数据
火车采集器、八爪鱼采集器、后羿采集器等	网页数据，如产品信息、价格、卖点、用户评价等
推广数据报表	直通车、智钻等的推广效果

生意参谋，可以采集店铺产品的流量、交易、客户、服务等数据，同时也可以采集市场趋势、规模、人群等数据。但客户订单的具体信息，如订单编号、下单时间、客户 ID、客户下单数量和配送地址等，只能通过店铺后台采集，不能通过生意参谋采集。

逐鹿工具箱，是第三方企业所建立的一个数据平台，可以采集淘宝平台上的市场行情和竞争等数据。但是这类数据一般会通过生意参谋来采集，所以这个工具不常用。

店侦探，可以监控竞争对手店铺及竞品推广的渠道、排名和销售动态等数据。这里也有一点需要区别，网页上的具体数据，如竞争对手店铺的具体产品信息、价格、卖点、用户评价等，无法通过店侦探采集，只能通过火车采集器、八爪鱼采集器、后羿采集器等工具采集。也就是说，店侦探适合采集竞争对手的运营动态数据，火车采集器等适合采集网页具体信息。

推广数据报表，主要用来观测直通车、智钻等的推广效果。通常任何推广工具都有其对应的推广数据报表，因此如果需要分析推广效果，只需找到对应的推广数据报表即可。

结论

该案例所需采集的数据分析指标为搜索人气、搜索热度和交易指数，可以运用生意参谋采集。虽然逐鹿工具箱、指数工具等也可以采集这些数据分析指标，但是通常优先选择精准度较高、权威的渠道或工具。

子任务2　市场容量分析

市场容量分析
（实践）

任务背景

某电商企业想要探索厨房电器行业，并从中选择市场容量大、销售前景好的子行业进入。请通过数据分析找出厨房电器行业中市场容量最大、销售前景最好的子行业，为企业提供决策建议。

任务分析

市场容量是指市场规模，代表一个行业的前景。其指标代表的是子行业支付金额较父行业支付金额的占比。该指标可以用来分析市场容量大小。通常占比越高，市场容量越大。市场容量越大，行业前景也就越好。一般情况下会优先选择经营市场容量最大的类目，即行业前景最好的类目。当然，根据数字经济时代的长尾效应，任何行业都存在机会，重点是能够结合自身实际情况脚踏实地地运营。

在本任务当中进行子行业市场容量分析，需要了解子行业支付金额较父行业支付金额的占比，并借助图表进行展示。

任务操作

步骤1：明确分析目标

分析目标行业下子行业的市场容量，从中选出市场容量大、销售前景好的子行业进入。

步骤2：采集并整理数据

从生意参谋的市场板块获取厨房电器行业整年度的市场数据，如图1-1所示。

月份	类目名	支付金额较父行业占比
1月	冰淇淋机	7.53%
1月	餐具消毒机	3.52%
1月	茶吧机/泡茶机	8.35%
1月	炒冰机	7.96%
1月	厨房家电配件	7.03%
1月	厨师机/和面机	6.69%
1月	低温料理机/慢煮棒	6.49%
1月	电饼铛/华夫饼机/薄饼机	5.32%
1月	电茶炉/煮茶器/奶茶机	4.26%
1月	电炒锅	3.52%
1月	电磁炉/陶炉	3.51%
1月	电动抽水器/取水器	3.40%
1月	电动打蛋器	3.03%

图 1-1 整理数据

步骤 3：创建数据透视表

通过整理的数据可以了解厨房电器各子行业"支付金额较父行业占比"，即子行业的市场容量情况。为了直观展现，可在 Excel 中创建一个数据透视表，将"类目名"字段添加到"行标签"，将"支付金额较父行业占比"字段添加到"值标签"，并将【值字段设置】对话框中的【计算类型】更改为【求和】，单击【确定】按钮即可完成数据透视表的创建，如图 1-2 至图 1-4 所示。

步骤 4：插入数据透视图

展示数据的占比情况，适合选用饼图。为了使饼图中的数据更加直观，可以在数据透视表【求和项：支付金额较父行业占比】下选择任意数据并右击，在弹出的菜单栏中选择【排序】→【降序】，如图 1-5 所示。设置【值显示方式】为【总计的百分比】，如图 1-6 所示。随后选择数据透视表中的任意数据单元格，单击插入数据透视图，选择饼图，对图表进行美化，可得到如图 1-7 所示的饼图。

数据透视表... ▼ ✕

选择要添加到报表的字段： ⚙ ▼

搜索 🔍

☐ 日期
☑ **类目名**
☑ **支付金额较父行业占比**

更多表格...

值字段设置 ? ✕

源名称：支付金额较父行业占比

自定义名称(C)：求和项:支付金额较父行业占比

值汇总方式 值显示方式

值字段汇总方式(S)

选择用于汇总所选字段数据的
计算类型

| 求和 |
| 计数 |
| 平均值 |
| 最大值 |
| 最小值 |
| 乘积 |

数字格式(N) 确定 取消

图1-3 值字段设置

在以下区域间拖动字段：

▼ 筛选   ▥ 列

☰ 行   Σ 值

类目名 ▼   求和项:支... ▼

图1-2 数据透视表菜单

行标签	▼ 求和项:支付金额较父行业占比
冰淇淋机	1.3023
餐具消毒机	0.5787
茶吧机/泡茶机	0.6575
炒冰机	0.5648
厨房家电配件	0.4873
厨师机/和面机	0.4507
低温料理机/慢煮棒	0.4021
电饼铛/华夫饼机/薄饼机	0.3427
电茶炉/煮茶器/奶茶机	0.2812
电炒锅	0.2434
电磁炉/陶炉	0.2247
电动抽水器/取水器	0.2007
电动打蛋器	0.159
电动打奶器/奶泡机	0.9826
电动辅食料理棒	0.6965
电动切菜机	0.6334
电动摇蛋器	0.5714
电饭煲	0.4826
电烤箱	0.4467
电热/火锅	0.4122
电热杯	0.3579
电热饭盒	0.2928
电热水壶	0.2502
电压力锅	0.234
电蒸锅/台式电蒸箱/肠粉机	0.216
咖啡豆研磨机	0.1723
烤串机/电烤炉/电烤盘	0.7882
空气炸锅	0.7061
迷你厨房电器	0.6004
面包机	0.5401
面条机	0.4779
破壁机	0.4558

图1-4 数据透视表呈现

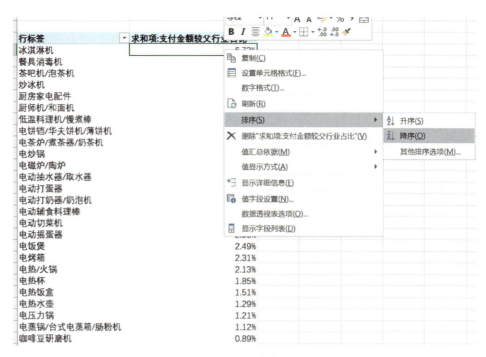

图 1-5　降序

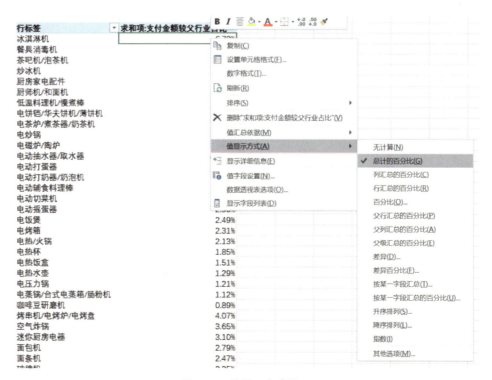

图 1-6　值显示方式设置

图 1-7　图形呈现

步骤 5：插入切片器

整理饼图，插入日期切片器工具，就可以查看每个月厨房电器子行业的市场容量情况，如图 1-8 所示。

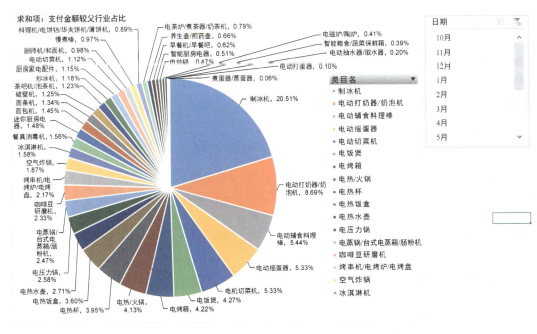

图 1-8　利用切片器查看厨房电器子行业市场容量情况

步骤6：分析厨房电器子行业市场容量

通过饼图中的切片器可灵活查看每个月子行业的市场容量情况，分析全年的数据，选出其中市场容量大的子行业。

岗课赛证小贴士

岗位：在实际工作过程中，将店侦探插件安装入网页浏览器中，打开淘宝网后即可借助店侦探插件分析每个类目的销售额占比，如图1-9所示。销售额占比越高的，市场容量越大，即市场前景越好。

图1-9 淘宝网各类目销售分析

技能赛：在沙盘运营推广中，通常会运用市场占比图来分析每一期各类产品的市场容量大小。例如，项链产品在低价市场容量很大，如果自身资金和仓库容量允许，可以选择进入项链的低价市场。

证书：在1＋X考证中，通常会考查如何灵活运用切片器。例如，分析全年各类目的市场容量变化情况时，要求我们选择"类目名"作为切片器的标签。本任务当中主要分析每个月各类目的市场容量占比情况，目的是分析哪个类目适合在什么时间段经营，因此切片器标签选择"日期"。

子任务3 行业集中度分析

行业集中度
分析（实践）

任务背景

电商企业通过综合分析子行业的市场容量，选出了其中市场容量较大的制冰机子行业，计划首先进入制冰机行业，并进一步分析制冰机行业的集中度。

任务分析

行业集中度可以反映某个行业的饱和度和垄断程度，需要借助赫芬达尔指数来反映。在计算该指数之前，首先需要取得行业潜在竞争对手的市场占有率，并将占有率较低的竞争对手忽略，然后计算出行业竞争对手市场占有率的平方值，最后计算出平方值之和。通常当赫芬达尔指数等于1时，行业处于垄断状态，不建议进入；当赫芬达尔指数趋向于0时，行业处于自由竞争状态，建议进入。也就是说，赫芬达尔指数的数值越小，行业集中度越小，竞争越激烈。

任务操作

步骤1：明确分析目标

进行行业集中度分析的目的是了解制冰机行业的竞争垄断程度，分析是否有进入的机会。

步骤2：采集并整理数据

进入淘宝网生意参谋，选择市场排行功能，单击品牌即可采集制冰机行业最近一个月排名靠前的品牌的交易指数，将这些数据导出整理至 Excel 表格中，如图 1-10 所示。

行业排行	品牌	交易指数
1	沃拓莱	305,667
2	HICON/惠康	295,408
3	志高	275,939
4	格梵奥	175,307
5	Blomgus/博伦格斯	171,304
6	hnbx	170,976
7	艾科仕德	128,056
8	广绅	127,120
9	恒洋	124,890
10	澳柯玛	122,275
11	冰之乐	120,123
12	Vvmax/维仕美	118,923
13	雪冰泉	115,839
14	DAEWOO/大宇	114,192

图 1-10　品牌交易指数

步骤 3：计算市场份额

分别计算各个品牌的市场份额。市场份额为该品牌的交易指数除以 34 个主要制冰机品牌的交易指数之和。34 个品牌的交易指数之和可以使用 SUM 函数来计算。例如排名第一的沃拓莱，其市场份额的计算公式为"C2/SUM（$C$2：$C$35）"。其中的"$"符号表示绝对引用，防止复制公式到其他单元格后，单元格地址自动变化。在 Excel 表格中输入需要计算的字段名，依次完成其他品牌市场份额的计算，如图 1-11 所示。

步骤 4：计算市场份额平方值

输入需要计算的字段名"市场份额平方值"，如排名第一品牌的市场份额平方值计算公式为"D2*D2"，如图 1-12 所示，依次完成其他品牌市场份额的计算。

| | | | | f_x | =C2/SUM($C$2:$C$35) |

	A	B	C	D
	行业排行	品牌	交易指数	市场份额
1	1	沃拓莱	305,667	0.076485
2	2	HICON/惠康	295,408	
3	3	志高	275,939	
4	4	格梵奥	175,307	
5	5	Blomgus/博伦格斯	171,304	
6	6	hnbx	170,976	
7	7	艾科仕德	128,056	
8	8	广绅	127,120	
9	9	恒洋	124,890	
10	10	澳柯玛	122,275	
11	11	冰之乐	120,123	

图 1-11　计算市场份额

| | | | | f_x | =D2*D2 |

	A	B	C	D	E
	行业排行	品牌	交易指数	市场份额	市场份额平方值
1	1	沃拓莱	305,667	0.076485	0.005849943
2	2	HICON/惠康	295,408	0.073918	
3	3	志高	275,939	0.069046	
4	4	格梵奥	175,307	0.043866	
5	5	Blomgus/博伦格斯	171,304	0.042864	
6	6	hnbx	170,976	0.042782	
7	7	艾科仕德	128,056	0.032043	
8	8	广绅	127,120	0.031808	
9	9	恒洋	124,890	0.03125	
10	10	澳柯玛	122,275	0.030596	
11	11	冰之乐	120,123	0.030058	

图 1-12　计算市场份额平方值

步骤 5：计算行业集中度

上述 2 项数值计算完成后，计算赫芬达尔指数，即 34 个品牌的市场份额平方值之和，也就是行业集中度，并分析制冰机行业是否可以进入。

｜ 思考

一个行业有多少个行业集中度？行业集中度的倒数是什么含义？

｜ 岗课赛证小贴士

岗位：在实际工作过程中，我们也可以通过安装店侦探插件，计算销量与在线商品数的比值，分析一个类目的市场竞争程度。当比值大于 1 时，说明该类目处于蓝海市场，建议进入；当比值接近 0 时，说明该类目处于红海市场，不建议进入。

技能赛：在电子商务技能竞赛的沙盘比拼中，需要对照自身商品所在的各个市场，如综合市场、低价市场和犹豫市场等，分析每个市场的竞争激烈程度，从而制订运营优化策略。

证书：在计算每个品牌的市场份额时，比较容易出现的错误是没有将行业的总市场份额值加上绝对引用。

子任务4　市场需求分析及预测

市场需求分析
及预测（实践）

任务1 行业现
状和趋势分析
（3）

任务背景

电商企业确定要进入制冰机行业后，还需要进一步分析制冰机的市场需求，尤其是明确客户对制冰机所表现出的各类需求，以便为后期商品采购布局。例如，需要了解制冰机的全年市场需求量变化，客户对制冰机的品牌、价格及具体属性的偏好，等等。请帮助企业了解制冰机市场需求量的变化趋势，并进一步确定经营什么属性的制冰机。

任务分析

市场需求分析包括需求量变化趋势分析、客户品牌偏好分析、客户价格偏好分析、客户属性偏好分析等。分析需求量变化趋势，可以了解客户的需求在什么时候呈现上涨趋势，在什么时候呈现下跌趋势，对行业的需求周期有一个基础的预判，以便后期做好采购上新计划。随后，分析客户对品牌、价格和属性的偏好，为企业经营制冰机提供参考。

任务操作

步骤1：确定分析目标

了解制冰机行业在一个自然年度里的需求量变化趋势，以及客户对制冰机的品牌、价格及属性的偏好，将获取的关键信息以表格的形式呈现出来。

步骤2：需求量变化趋势分析

进入生意参谋的市场板块，在搜索分析栏目中对制冰机进行交易指数分析，选取一个自然年度的交易指数，指数越高，表示在淘宝平台上的交易量越多，直接显示了背后的市场需求，如图1-13所示。

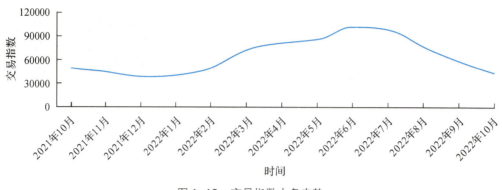

图 1-13　交易指数大盘走势

结合 2 项数据，综合分析制冰机行业需求量变化趋势，并为店铺提出采购和促销的建议。

步骤 3：品牌偏好分析

进入生意参谋，采集制冰机热销品牌榜数据，整理后的结果如图 1-14 所示。

A 行业排行	B 品牌	C 交易指数
1	沃拓莱	305,667
2	HICON/惠康	295,408
3	志高	275,939
4	格梵奥	175,307
5	Blomgus/博伦格斯	171,304
6	hnbx	170,976
7	艾科仕德	128,056

图 1-14　品牌数据

图 1-14 中的交易指数可以呈现出各品牌的市场热度，可以根据该图为店铺提出制冰机品牌的采购建议。

步骤 4：价格偏好分析

电商企业在分析商品市场价格时，一个很重要的依据就是消费者的消费层次和价格承受能力，以此为标准来确定相应的价格带。

首先采集价格带与淘宝市场上相近的制冰机，1688平台显示29%的用户喜欢价格在657.89—1570.70元的制冰机，如图1-15所示。

图1-15　1688平台采购价格带

随后采集淘宝网统计出的用户比较喜欢的价位，集中在398.00—1498.00元，如图1-16所示。

图1-16　淘宝网用户喜欢的制冰机价格

通常可以将 1688 平台的市场价格作为店铺在 1688 平台的采购价格，将淘宝市场价格作为制冰机在淘宝市场的销售价格。由此可以根据图 1-15、图 1-16 为店铺提出采购价格和销售价格建议。

步骤 5：属性偏好分析

通过客户属性偏好分析，能够更细化地了解客户的真实需求。表 1-5 是制冰机的热门属性及客户偏好。可以根据该表为店铺提出制冰机采购的属性建议。

表 1-5　属性统计

热门属性	客户偏好
颜色	珍珠白
形状	子弹状
结构工艺	一体式
进水方式	手动注水
24 小时产冰量	15 千克
冷却方式	风冷

步骤 6：市场需求分析及预测

将上述制冰机需求量变化趋势分析结果与客户品牌及属性偏好数据进行汇总，形成市场需求分析表，并将总体的分析结果填入表 1-6 中。

表 1-6　制冰机市场需求分析表

需求量变化趋势分析		
品牌偏好	品牌	交易指数
	沃拓莱	305667
	HICON/ 惠康	295408
	志高	275939

品牌偏好	格梵奥	175307
	Blomgus/ 博伦格斯	171304
品牌偏好分析		
价格偏好	平台	价格带
	1688 平台	657.89—1570.70 元
	淘宝网	398.00—1498.00 元
价格偏好分析		
属性偏好	热门属性	客户偏好
	颜色	珍珠白
	形状	子弹状
	结构工艺	一体式
	进水方式	手动注水
	24 小时产冰量	15 千克
	冷却方式	风冷
属性偏好分析		
市场需求分析结果		

思考

分析市场需求时，除了了解以上内容以外，还需要了解哪些内容？

岗位：了解市场需求情况，除了可以使用生意参谋工具以外，还可以利用电商数据分析平台如蝉妈妈观察抖音电商数据平台的直播商品销量榜单。通常在抖音需求量大的商品，在淘宝网上的需求量也较大。

技能赛：在沙盘运营过程中，需要准确掌握每个市场中各地区的需求人数和需求价格，并结合自身店铺的实际情况，合理采购和推广。

证书：描述市场需求时，需要结合市场需求变化趋势，给店铺提出采购建议，例如具体在什么时间段采购，在什么时间段促销清库存，以什么价格采购，以什么价格出售，采购什么品牌、什么属性的产品。

任务2 | 竞争对手分析

■ **知识目标**

掌握分析竞争对手需采集的数据指标、来源和工具。

掌握识别竞争对手的方法。

理解竞店、竞品分析的内容。

掌握竞店、竞品分析的方法。

■ **能力目标**

能够制订竞店竞品数据采集与处理方案。

通过分析竞争对手确定竞店和竞品的优缺点及运营策略，能够制订网店竞争运营策略。

■ **素质目标**

以客观、严谨、求真务实的职业素养合理合法地收集竞争对手的数据。

以爱岗敬业、坚持不懈、有耐心的钉子精神和劳动精神进行竞争对手分析，结合自身店铺实际情况，反复推敲，提出合理的竞争策略。

■ **学习素材**

慕课：任务2 竞争对手分析。

子任务1　竞店竞品数据采集与处理方案制订

任务背景

　　电商企业明确要进入的类目是制冰机后，想要对该行业内与其同等级的竞店和竞品进行分析，了解竞店的类目布局、商品卖点、上新时间点和销售趋势等，以便为企业提供科学合理的运营策略。请针对企业需求撰写竞店竞品数据采集与处理方案。

任务分析

　　本任务要求对竞店和竞品进行分析，分析的依据是类目布局、商品卖点、上新时间点和销售趋势等。请思考需要采集哪些数据指标，以及从哪里可以采集。

任务操作

　　步骤1，确定数据分析目标。
　　步骤2，确定数据分析指标。
　　步骤3，确定数据采集渠道及工具。
　　步骤4，撰写数据采集与处理方案。
　　请按照以上步骤完成表1-7。

任务2　竞争
对手分析（1）

竞店竞品数据
采集与处理方
案制订（实践）

表1-7　竞店竞品数据采集与处理方案

背景介绍	
数据分析目标	
数据分析指标	
数据采集渠道及工具	

1. 竞争对手的界定

争夺人力资源：优秀人才的流动会构成企业间的竞争关系。例如校园招聘会上，尽管各企业在经营范围上没有交集，但是共同争夺优秀人才，就会形成竞争关系。

争夺客户资源：争夺客户资源是竞争对手最本质的体现之一。例如小吃一条街上的商家之间会形成争夺客户资源的竞争关系。

争夺营销资源：优质的营销资源往往是有限的。例如直通车展位，商家为了争夺好的展位往往会投入大量的资金，消费者选择进入哪个展位，就会直接影响商家营销资源投入的效果。

争夺物流资源：好的物流合作伙伴也是电商企业发展的一大因素。例如"双11"购物节期间需要同一天发货的商家之间会形成争夺物流资源的竞争关系。

争夺生产资源：好的生产资源是企业提供优质商品的重要因素。例如生产羊毛衫的制造商之间会形成争夺羊毛资源的竞争关系。

销售同品类商品或服务：提供同品类商品或服务的商家是直接竞争对手。在电商环境中，提供同品类商品或服务的相同或相似等级水平的店铺才会形成竞争关系，不同等级水平的店铺无法制订对应的竞争策略。

销售替代品类商品或服务：销售替代品类商品或服务的商家间竞争与同业竞争本质上没有区别。例如新能源汽车制造商和传统油车制造商之间会形成竞争关系。

销售互补类商品或服务：部分互补类商品或服务本质上可能属于替代品，会形成竞争关系。例如数码相机和胶卷，看似是互补品，但胶卷产品的背后隐含着传统相机，它与数码相机是替代品关系，即竞争关系。又如汽油和电车，看似是互补品，但汽油产品的背后隐含着传统油车，它与电车是替代品关系，即竞争关系。

2. 竞争对手的识别

关键词识别：在淘宝网中输入自身店铺主营产品的关键词，搜索结果页面上就会呈现同类竞争店铺。

目标人群识别：例如一家女装店铺，主要面向年龄段在 25—30 岁的消费群体，在搜索结果页面中可以通过筛选来选定年龄段，最后会呈现适合该年龄段的所有女装店铺，这些店铺就是竞店。

销量及商品单价识别：对照自身店铺的销量和商品单价，在搜索结果页面中选定商品单价范围和销量排序，能够找到同级别的竞争对手。

推广活动识别：以淘宝网为例，通过智钻、直通车推广展位可以发现在推广中的竞争对手。

3. 竞争对手监控

识别竞争对手之后，需要对其进行监控和分析，以了解竞店应对市场的方式，及时结合自身店铺的实际情况调整运营策略。通常可采用的监控工具包括八爪鱼采集器、生意参谋和店侦探。

八爪鱼采集器一般用来采集竞店的类目结构、商品名称、商品评价、商品月销量、商品价格等。生意参谋用来采集竞店所有销售活动等动态数据。店侦探也同样可以监控竞店的销售动态情况，但在监控前需要添加竞店链接，如果监控竞品，则需要进一步添加竞品链接。

4. 竞争策略制订

对竞争对手进行监控后，需要分析竞争对手的经营情况，结合自身店铺的实际情况制订竞争策略。以竞店属性分析为例，如图 1-17 所示，寻找竞店与自身店铺在风格、使用季节等方面上的差异，从而制订自身店铺的竞争策略。

图 1-17 竞店属性数据

从竞争对手的薄弱点出发，结合自身优势，制订差异化竞争策略，形成差异化竞争优势。例如，图1-17中如果竞店的服装风格和尺码种类与自身店铺相比无优势，可结合自身店铺实际目标人群的需求和特征，主抓服装风格和尺码种类，以此形成差异化的竞争优势。当然，若服装风格和尺码种类与自身店铺实际目标人群的需求和特征不符，就不能盲目跟随竞争，否则可能造成客户大量流失的局面。

从竞争对手的优势点出发，结合自身优势，制订针锋相对竞争策略，形成比竞店更具优势的竞争点。例如，图1-17中如果竞店的服装风格和尺码种类比自身店铺有优势，可结合自身店铺目标人群的需求和特征，在服装风格和尺码种类的基础上做得更加极致，形成明显的竞争优势。

 子任务2　竞店分析

竞店分析
（实践）

任务背景

电商企业在日常运营过程中，除了要时刻关注自身店铺的数据变化外，还需要关注竞店应对市场的方式，以便制订合适的竞争策略。H店铺为了监控竞店W旗舰店的商品布局，制作了竞店类目结构表，以分析并制订合适的店铺运营策略。

任务分析

本任务中竞店分析主要围绕竞店的基本信息和类目结构展开，具体如竞店的类目名称、各类目下的商品数和销量等，并运用针锋相对竞争策略和差异化竞争策略优化店铺运营。

任务操作

竞店分析的关键节点成果展示如下。

竞店类目结构（W旗舰店/总商品数26个）如表1-8所示。

表1-8　竞店类目结构

类目名称	商品数[①]	商品的最高销量
制冰机	23	10万＋
商用制冰机	19	10万＋
家用制冰机	11	5万＋
方冰制冰机	12	10万＋
圆冰制冰机	10	5万＋

---

① 根据商品标题关键词统计。

类目名称	商品数	商品的最高销量
冰淇淋机	2	2000＋
碎冰机	1	800＋

请分别登录竞店（W旗舰店）和自身店铺（H店铺），结合数据表格和店铺详情分析以下问题：

（1）竞店类目是如何划分的？

（2）主营类目是什么？

（3）主营商品具有什么特点？

（4）给H店铺的建议是什么？运用针锋相对竞争策略和差异化竞争策略分类讨论。

知识园地

竞店分析除了可以从竞店的基本信息和类目角度展开外，还可以从竞店的销售情况和上架、下架时间布局角度展开。

销售情况：找到竞店和自身店铺在一段时间内的销售差异。当竞店的销量高于自身店铺时，需要分析竞店是否参加了促销活动，这种促销活动自身店铺有没有资质、是否可以参加。尽管淘宝平台上有各种各样的促销活动，但不同活动对店铺的资质要求均不同，所以当自身店铺想要参照竞店的促销活动时，应该对照平台规则，有选择地参加。相反，当竞店的销量低于自身店铺时，则应该保持自身的优势。

上架、下架时间布局：在淘宝平台上，商品的上架和下架两个时间段是店铺流量的高峰期。如果自身店铺相对于竞店处于劣势，那么在上下架商品时需要避开竞店，在竞店没有安排商品上下架的时间段去捕获自身机会，即采取差异化竞争策略；相反，如果自身店铺处于优势，就要紧跟竞店，与竞店正面竞争流量，即采取针锋相对竞争策略。

1. 请你分析针锋相对竞争策略和差异化竞争策略的优缺点和区别点。

2. 请从职业生涯规划角度，分析如何运用好针锋相对竞争策略和差异化竞争策略。

 **子任务3 竞品分析**

竞品分析
（实践）

任务2 竞争
对手分析（2）

任务背景

为了更加深入了解制冰机，对照竞店中的主营商品（商用方冰制冰机）展开分析，以了解竞品的主要卖点及消费者的潜在需求，从而优化 H 店铺的产品和服务。

任务分析

竞品分析就是对竞争对手的商品进行分析，可围绕基本信息、收藏量、交易数据及商品评价等维度展开。其中，基本信息可反馈与竞品卖点的差异，通过商品评价可以发现客户的潜在需求，同时能够结合商品评价改善自身商品质量和店铺服务。

任务操作

竞品分析的操作步骤及关键节点成果展示如下。

步骤1：基本信息采集与分析

竞店主营商品的基本信息如图1-18所示。

产品参数：

品牌：沃拓莱	型号：HZB-20F/S	形状：方形
产地：中国	省份：浙江省	地市：宁波市
冰格数：24冰格-带自动清洗	颜色分类：30公斤-自吸桶装水款【2021...	冷却方式：风冷
结构工艺：一体式	生产企业：宁波金邦达智能售货设备有...	货号：HZB-20F/S
主机尺寸：287*375*357	功率：120W	进水方式：接入桶装水 接入自来水 手动...
保修期：12个月	24小时产冰量：25公斤	

图 1-18 竞店主营商品的基本信息

请登录竞店的主营商品详情页，进行以下分析：

（1）竞品的卖点是什么？

（2）给 H 店铺的建议是什么？

步骤 2：商品评价分析

竞品的评价如图 1-19 所示。

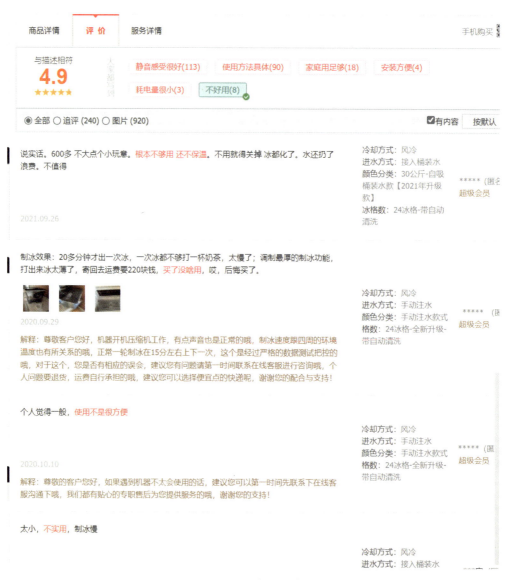

图 1-19　竞品评价

（1）竞品的缺点是什么？消费者的需求是什么？

（2）给 H 店铺的建议是什么？

知识园地

竞品分析除了可以从商品基本信息和评价维度展开外，还可以从价格、收藏量和销量维度展开。

价格维度：当竞品价格比自身店铺商品价格低时，就需要结合商品成本和目标人群进行分析。如果对自身供应链有足够信心，能争取到更低成本，结合目标用户需求，可以适当降价，与竞品在价格层面进行针锋相对竞争；相反，如果在供应链方面没有优势，就需要找到竞品的薄弱点，从其他方面与竞品进行差异化竞争，如制作工艺等方面。

收藏量和销量维度：找到竞品与自身店铺商品在收藏量和销量方面的差异，如果竞品的数据表现更好，需要分析该段时间内竞品是否参加了收藏优惠活动和推广促销活动，这些活动自身店铺的商品是否可以参加。如果适合参加，就紧跟竞品的活动；如果不适合参加，就从其他层面提高收藏量和销量，如内容运营。总体采用针锋相对竞争策略。

思考

制订竞争策略需要考虑哪些因素？

岗课赛证小贴士

岗位：分析竞店和竞品时，要灵活使用店侦探和生意参谋。其中使用店侦探分析竞品时，需要先添加竞店链接，再添加竞品链接。

技能赛：在站外推广结束前几秒，我们需要灵活查看竞店中的商品价格，待站外推广结束后，可以根据市场占有率图分析竞争对手的销售情况及资金情况，以便我们制订竞争优化策略。

证书：分析竞店一个月内的商品价格和销量时，我们可以先创建数据透视表，然后选中价格数据单元格，按照考试要求创建组合。这样能非常简便地分析出竞店在每个价格组合下的销量情况，为自身店铺提供定价参考。

任务3 │ 客户画像绘制

■ **知识目标**

掌握绘制客户画像需采集的数据指标、来源和工具。

理解绘制客户画像的作用和方法。

■ **能力目标**

能够制订客户画像数据采集与处理方案。

能够通过绘制客户画像，帮助店铺制订精准营销策略。

■ **素质目标**

以客观、严谨、求真务实的职业素养分析企业营销需求，并基于此确定客户画像维度和指标。

树立数据安全保护的法律意识，有尊重客户隐私的职业道德，合理合法地获取客户数据。

■ **学习素材**

慕课：任务3　客户画像绘制。

子任务1 客户画像数据采集与处理方案制订

：任务背景

　　洞察企业客户画像，能帮助实现"千人千面"，使得企业可以针对不同人群制订差异化运营策略。H店铺在即将推出新产品之际，为了实现精准营销，助力销售，想要对制冰机的需求用户进行分析。请针对H店铺的需求制订客户画像数据采集与处理方案。

：任务分析

　　本任务要求对H店铺制冰机的客户人群进行分析，使得产品信息精准传达至有需求的客户，并实现购买转化，即确保客户能看见产品信息，单击浏览产品详情，并下单购买。请思考需要采集哪些数据分析指标，以及从哪里可以采集。

：任务操作

　　步骤1，确定数据分析目标。
　　步骤2，确定数据分析指标。
　　步骤3，确定数据采集渠道及工具。
　　步骤4，撰写数据采集与处理方案。
　　请按照以上步骤完成表1-9。

任务3 客户
画像绘制

企业客户画像
数据展示

客户画像数据
采集与处理方
案制订(实践)

表1-9　客户画像数据采集与处理方案

背景介绍	
数据分析目标	
数据分析指标	
数据采集渠道及工具	

子任务2　形成客户画像

客户画像绘制
（实践）

任务背景

　　H 店铺在即将推出新产品之际，为了实现精准营销，想要对制冰机的需求用户进行分析。请帮助 H 店铺进行客户人群分析，形成客户画像，并对 H 店铺的产品运营推广提出建议。

任务分析

　　本任务要求通过分析 H 店铺的客户数据，从性别、年龄、职业、地域、访问来源、产品偏好和价格偏好等维度来总结其客户特征，形成客户画像，为 H 店铺制订精准营销策略。

任务操作

　　步骤 1：客户性别、地域分析

　　选中数据表中性别单元列内容，插入数据透视表（【行】与【值】均设置为【性别】），将【值】标签中【性别】的【值字段汇总方式】设置为【计数】，如图 1-20 所示，得到性别占比数据并制作性别占比饼状图，操作后的效果如图 1-21 所示。地域的操作方式与性别的操作方式相同，效果如图 1-22 所示。

　　步骤 2：客户产品偏好、价格偏好分析

　　分析客户产品偏好、价格偏好，需要选中数据表中"产品价格""产品名称"对应的区域，插入数据透视表。

　　具体操作时，将"产品价格""产品名称"在【行】与【值】中各设置一次，并将"产品价格"的【值字段汇总方式】设置为【平均值】，得到数据透视表，效果如图 1-23 所示。

选中数据透视表，插入组合图形，将"产品价格"设置为折线图、"产品名称"设置为柱形图，并将产品价格设置为次坐标，得到分析图形，效果如图 1-24 所示。

图 1-20 值字段设置

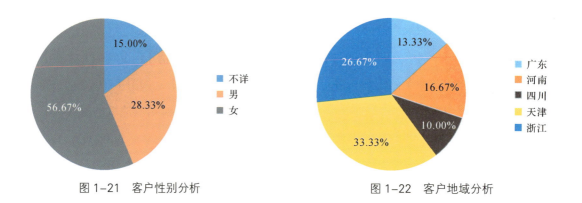

图 1-21 客户性别分析

图 1-22 客户地域分析

行标签	计数项:产品名称	平均值项:产品价格（元）
产品A	26	299
299	26	299
产品B	12	1897
1897	12	1897
产品C	8	897
897	8	897
产品D	3	569
569	3	569
产品E	7	623
623	7	623
产品F	4	159
159	4	159
总计	60	740.3

图 1-23　产品偏好、价格偏好数据透视表

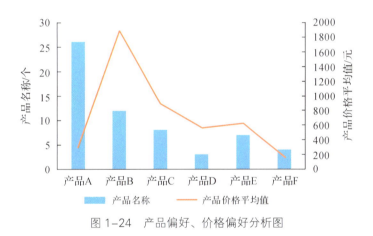

图 1-24　产品偏好、价格偏好分析图

步骤 3：客户年龄分析

需要采用分组分析的方法对客户年龄进行分析，根据要求将年龄分组设定为 1—17 岁、18—24 岁、25—29 岁、30—34 岁、35—39 岁、40—44 岁、45—49 岁、50 岁及以上，然后在源数据表中输入如下内容，如图 1-25 所示。完成操作后，输入公式"VLOOKUP (B2, $L$1：$M$9, 2)"。其中 B2 表示所要分析的年龄，$L$1：$M$9 表示年龄的分组情况，最终可得出各个年龄所在的年龄段情况。

下限	年龄段
1	1—17岁
18	18—24岁
25	25—29岁
30	30—34岁
35	35—39岁
40	40—44岁
45	45—49岁
50	50岁及以上

图 1-25　年龄分组

将计算得出的年龄段插入数据透视表和数据透视图，其中【行】标签和【值】标签均为【年龄段】，并将【年龄段】的【值字段汇总方式】设置为【计数】，效果如图 1-26 所示。

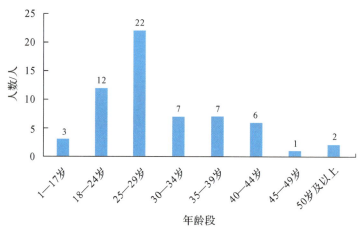

图 1-26　客户年龄分析图

步骤 4：客户端分析

选中数据表中访客来源单元列内容，插入数据透视表（【行】与【值】均设置为【访客来源】），得到客户端占比数据并制作客户端占比饼状图，操作后的效果如图 1-27 所示。

步骤 5：客户职业分析

选中数据表中客户职业单元列内容，插入数据透视表（【行】与【值】均设置为【客户职业】），得到客户职业数据透视图，操作后的效果如图 1-28 所示。

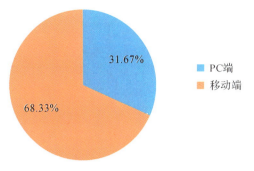

图 1-27　客户端分析图

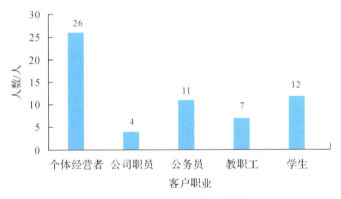

图 1-28　职业分析数据透视图

步骤 6：绘制客户画像

结合以上分析结果完成表 1-10 的填写，包括客户画像特征、标签类型（动态属性标签、静态属性标签），方便企业日后管理客户数据。

表 1-10　客户画像

标签	客户画像特征	标签类型
性别		
年龄		
地域		
职业		
产品偏好		
价格偏好		
客户端		

步骤 7：归纳分析结论

结合以上分析过程和客户画像，总结企业整体客户特征，并分析该企业客户购买趋势和需求趋势，同时提出合理的企业后续客户营销策略。

1. 网店开始经营后，其客户画像是否一成不变？请分析并说明理由。

2. 学习了客户画像内容后，我们发现企业要了解客户，就要获取客户的数据并提炼出客户特征信息，那么在获取数据的过程中我们应该注意哪些事项？

：岗课赛证小贴士

岗位：在店铺产生一定交易量后，我们可以通过生意参谋的人群板块了解基础分类中新客、老客、未购新客和未购老客的访问和支付情况，同时也能够了解行业策略中小镇中老年、小镇青年、都市蓝领等人群的访问和支付情况。掌握自身店铺的客户画像之后，可以对该客户人群进行圈选，展开进一步的精准营销工作。

技能赛：在沙盘运营中，客户画像体现各个人群市场的特征。我们需要掌握每个人群市场的特征，即出单规则，如低价人群市场以低价商品优先出单，从而实现精准营销的效果。

证书：进行客户画像任务操作时，重点掌握如何运用 VLOOKUP 函数进行年龄分析，具体可以参见实操视频。

任务4 | 爆款产品选择

■ **知识目标**

掌握产品数据采集与处理方案制订的方法。

掌握产品引流能力分析和转化能力分析的方法。

■ **能力目标**

能够制订产品数据采集与处理方案。

能够通过分析产品引流能力和转化能力，帮助店铺选出爆款产品，制订营销策略。

■ **素质目标**

产品数据庞大且复杂，要形成统计数据客观、严谨、求真务实的职业素养。

产品销售数据属于商业机密，要树立保护数据安全的法律意识。

分析产品数据须与业务部门合作，要具备团队协作、自主学习、发现问题、解决问题的能力。

打造爆款产品不是一蹴而就的，需要具备爱岗敬业、坚持不懈、有耐心的钉子精神和工匠精神。

在数字经济时代，制造企业亟须开展数字化转型，数据分析专员作为企业数字化转型的助推者，需要树立关注中国制造、服务地方经济的社会责任感。

■ **学习素材**

慕课：任务4 爆款产品选择。

子任务1 产品数据采集与处理方案制订

任务背景

"6·18"即将到来，H店铺决定挑选一款制冰机打造爆款。选择爆款产品前需要分析制冰机的引流能力和转化能力，请依据爆款产品选择的需求，制订产品数据采集与处理方案。

任务分析

产品引流能力是产品为店铺吸引客户的能力，分析此能力时要重点分析产品的点击率、访客数和跳失率。如果跳失率低，点击率和访客数高，则该产品具备较强的引流能力。在此基础上，进一步分析产品转化能力，即产品为店铺带来支付订单和支付金额的能力，重点分析产品的支付订单、支付金额和转化率指标。如果这些指标均较高，则说明产品具有转化能力，符合成为爆款产品的要求。请思考数据分析目标、数据分析指标，以及数据采集的渠道和工具。

任务操作

步骤1，确定数据分析目标。
步骤2，确定数据分析指标。
步骤3，确定数据采集渠道及工具。
步骤4，撰写数据采集与处理方案。
请按照以上步骤完成表1-11。

任务4 爆款
产品选择（1）

产品数据采集
与处理方案制
订（实践）

表 1-11 产品数据采集与处理方案制订

背景介绍	
数据分析目标	
数据分析指标	
数据采集渠道及工具	

子任务2 选出爆款产品

爆款产品选择
与拓展(实践)

任务4 爆款
产品选择(2)

任务背景

"6·18"电商大促即将到来，H店铺决定挑选一款制冰机打造爆款。为此，请以最近一个月的运营数据为准，分析制冰机的引流能力和转化能力，作为爆款产品选择的重要依据。

任务分析

爆款产品具有两个特点：高流量、高订单。选择爆款产品首先需要分析产品的引流能力，观察其是否为店铺吸引大量流量。在此基础上，分析产品的转化能力，观察流量的精准性及是否为店铺带来销量。

任务操作

利用产品引流能力和转化能力分析，定位爆款产品，其操作步骤及关键节点成果展示如下。

步骤1：制作数据报表

在生意参谋的自助分析板块，单击【取数】菜单，制作爆款产品选择报表。将【选择维度】中的【数据粒度】设置为【商品】、【数据维度】设置为【商品整体】，选择计划分析的商品和时间，选择分析的指标为无线端的详情页跳失率、商品浏览量、访客数、支付件数、支付金额和支付转化率，如图1-29所示。

数据下载后形成如图1-30所示的数据报表。

图 1-29 获取产品数据

统计周期	产品名称	浏览量	访客数	跳失率	支付件数	支付金额	支付转化率
		C	D	E	F	G	H
2022-04-16 ～ 2022-05-16	**制冰机全自动商用小型奶茶店HZB-12SA	14435	6661	50.09%	1325	35509.05	19.89%
2022-04-16 ～ 2022-05-16	****制冰机家用小型宿舍学生30/25kg全自	15229	9307	68.31%	949	45311.73	10.20%
2022-04-16 ～ 2022-05-16	**制冰机家用小型学生宿舍15kg迷你商用	18863	9918	54.91%	2472	95435.43	24.92%
2022-04-16 ～ 2022-05-16	**制冰机大型商用奶茶店55kg68公斤家	11704	7315	55.66%	1244	42171.87	17.00%
2022-04-16 ～ 2022-05-16	**制冰机商用奶茶店大型250磅300公斤大	11786	9607	70.76%	809	66847.56	8.42%
2022-04-16 ～ 2022-05-16	**电动商用大功率奶茶店碎冰机沙冰机刨	7981	3132	23.02%	411	11979.00	13.12%
2022-04-16 ～ 2022-05-16	****制冰机商用奶茶店大型100/150KG小型	11628	7702	67.33%	516	15436.00	6.70%
2022-04-16 ～ 2022-05-16	**制冰机商用小型奶茶店40kg68kg酒吧大	10926	6495	61.23%	518	17459.00	7.98%
2022-04-16 ～ 2022-05-16	**制冰机商用大型奶茶店80/100公斤家用	7682	3969	45.75%	153	12279.60	3.85%
2022-04-16 ～ 2022-05-16	**制冰机小型商用奶茶店30KG家用迷你大	9080	5709	61.48%	199	26832.00	3.49%
2022-04-16 ～ 2022-05-16	**制冰机商用奶茶店小型酒吧25kg迷你全	10598	5381	60.47%	127	15679.20	2.36%
2022-04-16 ～ 2022-05-16	**制冰机商用奶茶店大型68/100/300kg大	7948	6751	67.92%	166	11239.20	2.46%
2022-04-16 ～ 2022-05-16	****制冰机商用奶茶店小型饮水机家用全	7619	6074	63.57%	213	17258.40	3.51%
2022-04-16 ～ 2022-05-16	**制冰机家用小型学生宿舍HZB-16AL迷你	12162	7506	55.50%	1340	30712.00	17.85%
2022-04-16 ～ 2022-05-16	**制冰机商用奶茶店大型HZB-100公斤/磅	7936	3752	42.06%	174	20996.00	4.64%

图 1-30　产品数据报表

步骤 2：爆款产品呈现与分析

为了清晰呈现各指标的变化趋势，选中产品名称数据列和 6 个指标数据列，插入组合图（见图 1–31）。将浏览量、访客数、支付件数和支付金额设置为簇状柱形图，跳失率和支付转化率设置为折线图，且同时设置为次坐标，效果如图 1–32 所示。

根据图形分析判断哪一款商品适合作为店铺的爆款。

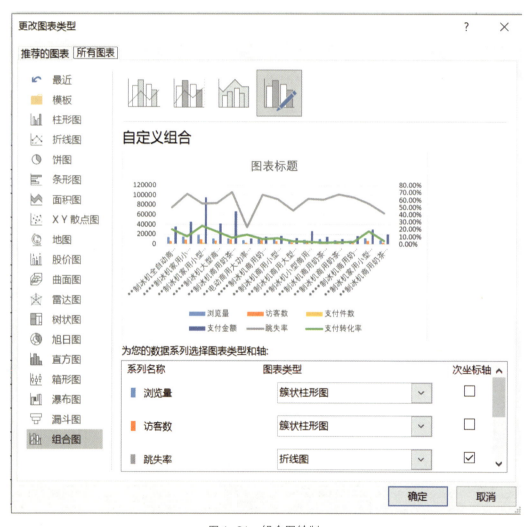

图 1–31　组合图绘制

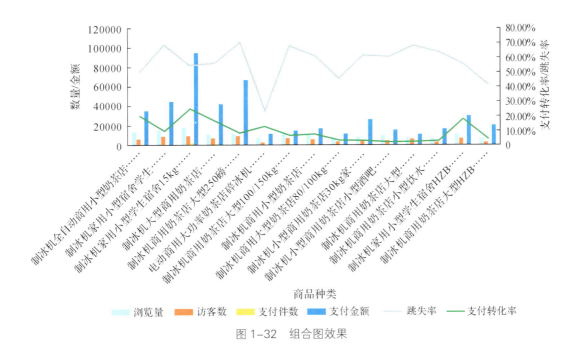

图 1-32　组合图效果

步骤 3：SKU 数据处理

每一款商品都存在不同的 SKU（stock keeping unit，即库存单位，是指在供应链管理中用于区分不同产品的唯一编号或代码），每一个 SKU 的销量情况均不同。因此，为了使爆款产品更加精准，需要进一步明确爆款产品的 SKU 规格。从生意参谋中获取爆款产品的支付金额、支付买家数、支付件数和加购件数指标数据，制作成表格，如图 1-33 所示。

SKUId	SKU名称	支付金额	支付买家数
3996831321645	版本:升级;性能:小功率	13932	129
3996831321650	版本:升级;性能:自动清洗	13728	85
3996831321646	版本:升级;性能:无把手	3584	26
3996831321647	版本:升级;性能:有把手	7844	49
3996831321648	版本:经典款,性能:自动出冰	7056	35
3996831321649	版本:智能款,性能:自动出冰	4888	26

图 1-33　制作成表格

现需要对 SKU 数据进行处理，在"支付金额"列前插入一列，然后选择"SKU 名称"列，单击【数据】选项卡中的【分列】工具，如图 1-34 所示。根据向导将【分隔符号】设置为【分号】，如图 1-35 所示。修改 B、C 列的字段名，结果如图 1-36 所示。

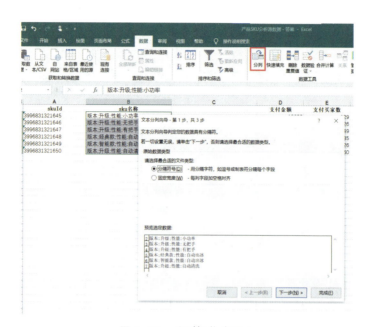

图 1-34　分列操作步骤 1

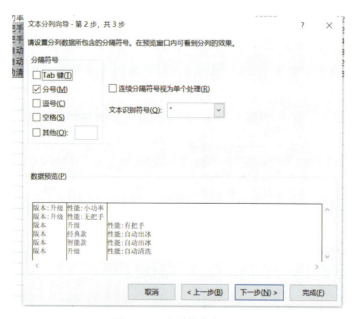

图 1-35　分列操作步骤 2

	A	B	C	D	E	F	G
	SKUId	版本	性能	支付金额	支付买家数	支付件数	加购件数
	3996831321645	版本:升级	性能:小功率	13932	129	129	308
	3996831321646	版本:升级	性能:无把手	3584	26	28	7
	3996831321647	版本:升级	性能:有把手	7844	49	53	48
	3996831321648	版本:经典款	性能:自动出冰	7056	35	42	20
	3996831321649	版本:智能款	性能:自动出冰	4888	26	26	20
	3996831321650	版本:升级	性能:自动清洗	13728	60	66	69

图 1-36　字段名修改

步骤 4：创建数据透视图和数据透视表

插入数据透视表，选择要分析的数据及放置数据透视表的位置，在右侧【数据透视表字段】编辑区添加字段，将【版本】和【性能】设置为【行】标签，其余指标设置为【值】标签，如图 1-37 所示。

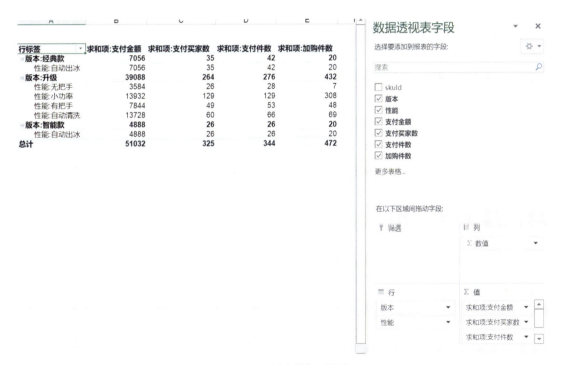

图 1-37　创建数据透视表

选中数据透视表，插入组合图，将加购件数和支付金额设置为折线图，支付买家数和支付件数设置为簇状柱形图，同时将支付金额设置为次坐标，效果如图 1-38 所示。

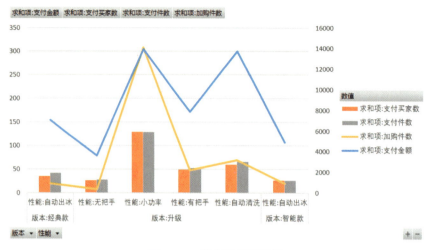

图 1-38　数据透视图结果

步骤 5：插入切片器

单击【分析】选项卡下的【插入切片器】工具，在打开的对话框中勾选【版本】和【性能】选项，创建 2 个切片器，结果如图 1-39 所示。

图 1-39　插入切片器

步骤 6：爆款产品 SKU 分析

单击切片器按钮，观察各个 SKU 的销售数据变化，为店铺选择一款制冰机作为爆款产品（结合支付件数和支付金额来看），并为店铺的爆款宣传提出建议。

知识园地

店铺的所有产品都应该有合理的定位。如果定位不清，则可能无法完成吸引流量、提高销量、获取利润等使命中的任意一项。因此，店铺需要设计出可完成使命的产品，在运营时充分发挥各种产品的作用，这样才能达到更好的效果。

一般来说，产品可以划分为引流产品、爆款产品、常规产品、利润产品和形象产品，不同定位产品的作用如表 1–12 所示。

表 1–12　不同定位产品的作用

产品定位	作用
引流产品	用于获取店铺有效流量
爆款产品	促进产品曝光和转化，提高店铺销量
常规产品	用于日常销售，提供丰富选择
利润产品	丰富销售搭配，提高利润
形象产品	展示企业实力，树立品牌形象，提升消费者信心

引流产品：主要用于获取店铺的有效流量，即吸引进来的客户群体是店铺的目标客户。判断引流产品的主要指标为访客数、浏览量和跳失率。通常访客数、浏览量较高，跳失率较低，说明该款产品具备引流能力，可作为引流产品。

爆款产品：主要促进商品曝光和转化，提高店铺销量。爆款产品在引流产品的基础上，更进一步考虑产品的转化能力，具体体现为支付金额、支付件数和转化率方面的数据表现。

常规产品：用于日常销售，提供丰富选择。也可以观察该类产品的日常数据表现，在合适的时机将其转化为其他定位产品。

利润产品：主要用于提高店铺的利润。该类产品可能销量不高，所以通常需要与引流产品或爆款产品搭配销售，以同时保证流量和销量。

形象产品：主要用于展示企业实力，树立品牌形象。该类产品一般属于高品质、高客单价、高调性的极小众产品。

■ **案例解读**

企业实际工作中也可以借助其他数据来判断爆款产品，如商品主图点击率、直通车推广效果数据、直播产品数据及行业大盘数据等。

具体以直播店铺数据为例，在测试爆款产品时会重视每一场直播的商品流量和引导成交转化情况，一般情况下成交转化率的提高与流量的增加是密不可分的，如图1-40所示。尤其是在修改了商品主图和标题等信息后，如果发现商品流量和成交转化情况仍然节节高升，说明该款商品是有爆款潜质的。

开播时间	商品点击人数	商品点击次数	商品点击率	引导成交转化率
2022-06-23 13:29:47	120	295	18.26%	15.00%
2022-06-22 13:30:46	135	343	19.29%	17.04%
2022-06-20 15:30:26	165	599	23.50%	25.45%
2022-06-19 15:30:18	165	488	24.30%	16.97%
2022-06-18 13:30:27	183	748	26.33%	25.67%

图1-40 多场次直播数据

具体以某一场直播的数据为例，我们可以通过直播中商品的点击、加购、成交情况及曝光情况来判断商品是否有爆款潜质。例如在图1-41中，我们可以发现"制冰机家用小型"这款商品具有爆款潜质。当然这只是一场直播的数据，如果要真正判断爆款，至少需要一个星期的时间测试，积累一定数据量后，才能更加科学合理地分析。

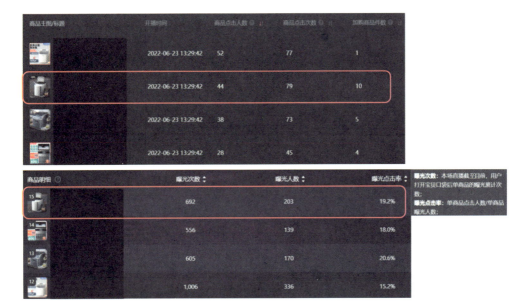

图 1-41 单一场次直播数据

思考

1. 如何提高产品的引流能力和转化能力？

2. 从职业角度看，打造爆款产品的过程中可能会遇到什么问题，需要具备什么素养？

岗课赛证小贴士

岗位：爆款产品的选择往往不是一蹴而就的，需要持续观察数据，尤其需要分析每款商品的持续引流能力、转化能力。

技能赛：在沙盘运营过程中，爆款产品不是稳定不变的，往往需要根据各款产品的绩效、价格、利润等因素随时调整。

证书：在分析各个产品甚至各个 SKU 的转化能力时，由于指标多、产品或 SKU 种类多，仅凭一张组合图难以分辨转化能力，因此需要灵活使用切片器辅助判断。

工作领域 2
商品推广效果分析及优化

任务1 | 直通车推广效果分析及优化

■ 知识目标

掌握直通车关键词筛选的步骤和方法。

理解影响直通车推广效果的指标和优化措施。

■ 能力目标

能够结合店铺情况，筛选直通车推广的关键词。

能够分析直通车推广的效果，并提出优化方案。

■ 素质目标

结合店铺实际情况，在筛选推广的关键词和分析直通车推广效果中坚持客观、严谨、求真务实的职业素养。

直通车推广数据是每一家店铺的商业机密，在推广过程中要树立数据安全的法律意识。

提升直通车推广效果需要持续分析和优化，要在该过程中形成爱岗敬业、坚持不懈、有耐心的钉子精神，同时提升团队协作、发现问题和解决问题的能力。

在数字经济时代，制造企业亟须开展数字化转型，数据分析专员作为企业数字化转型的助推者，需要树立关注中国制造、服务地方经济的社会责任感。

■ 学习素材

慕课：任务1 直通车推广效果分析及优化。

子任务1 关键词推广筛选

任务1 直通车推广效果分析及优化

直通车关键词筛选（实践）

任务背景

H 店铺计划对某一款制冰机进行直通车推广，推广的第一步就是筛选关键词。关键词推广的效果取决于是否被展现，是否被点击和转化。好的关键词不仅可以增加被搜索的次数（展现量），还可以提高投入产出比（销售额 / 直通车推广成本）。请根据制冰机产品图（见图 2-1），从直通车官网中获取直通车关键词列表，从中筛选合适的关键词进行推广。

图 2-1 制冰机产品图

任务分析

为了实现精准营销，需要分析店铺的目标人群画像（见图 2-2）是否与关键词推广的人群画像一致，若一致则可行，若不一致则容易出现流量不精准的情况，属于无效推广。

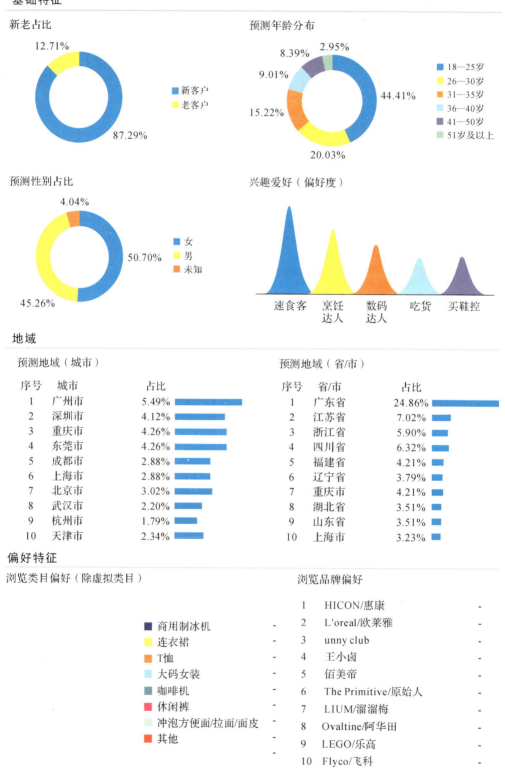

基础特征

新老占比

12.71%

87.29%

■ 新客户
■ 老客户

预测年龄分布

2.95%
8.39%
9.01%
15.22%
20.03%
44.41%

■ 18—25岁
■ 26—30岁
■ 31—35岁
■ 36—40岁
■ 41—50岁
■ 51岁及以上

预测性别占比

4.04%
50.70%
45.26%

■ 女
■ 男
■ 未知

兴趣爱好（偏好度）

速食客　烹饪达人　数码达人　吃货　买鞋控

地域

预测地域（城市）			预测地域（省/市）		
序号	城市	占比	序号	省/市	占比
1	广州市	5.49%	1	广东省	24.86%
2	深圳市	4.12%	2	江苏省	7.02%
3	重庆市	4.26%	3	浙江省	5.90%
4	东莞市	4.26%	4	四川省	6.32%
5	成都市	2.88%	5	福建省	4.21%
6	上海市	2.88%	6	辽宁省	3.79%
7	北京市	3.02%	7	重庆市	4.21%
8	武汉市	2.20%	8	湖北省	3.51%
9	杭州市	1.79%	9	山东省	3.51%
10	天津市	2.34%	10	上海市	3.23%

偏好特征

浏览类目偏好（除虚拟类目）

■ 商用制冰机 -
■ 连衣裙 -
■ T恤 -
■ 大码女装 -
■ 咖啡机 -
■ 休闲裤 -
■ 冲泡方便面/拉面/面皮 -
■ 其他 -

浏览品牌偏好

1	HICON/惠康	-
2	L'oreal/欧莱雅	-
3	unny club	-
4	王小卤	-
5	佰美帝	-
6	The Primitive/原始人	-
7	LIUM/溜溜梅	-
8	Ovaltine/阿华田	-
9	LEGO/乐高	-
10	Flyco/飞科	-

图2-2　店铺目标人群画像

消费特征

预测消费层级

预测消费层级（元）	访客数	占比	
第一层级	122	16.51%	
第二层级	308	41.68%	
第三层级	159	21.52%	
第四层级	78	10.55%	
第五层级	34	4.60%	
第六层级	9	1.22%	
第七层级	9	1.22%	
第八层级	5	0.68%	
第九层级	4	0.54%	
第十层级	5	0.68%	

淘气值分布

淘气值	访客数	占比	
T0	7	0.96%	
T1	43	5.90%	
T2	97	13.31%	
T3	226	31.00%	
T4	129	17.70%	
T5	227	31.14%	

图 2-2　店铺目标人群画像（续）

⁞ 任务操作

步骤 1：获取关键词

通过直通车官网获取关键词，结果如图 2-3 所示。

步骤 2：数据格式修改

选中带有绿色三角标签的数据，将其转化为数字格式。同时将"平均点击单价"数据列中的"元"去除，运用公式"MID（J2，1，4）"（该公式的含义为在需要处理的单元格中，从第一个字符开始截取，一共截取 4 个字符）。处理完成后同样将该列数据转化为数字格式。

步骤 3：数据筛选

删除直通车参考价为零、支付转化率为零、带有其他品牌的关键词。直通车参考价为零说明该关键词没有市场，支付转化率为零说明没有消费者通过点击该关键词下单购买。删除带有其他品牌的关键词是为了提高关键词的相关性，以及不吸引对其他品牌热衷的客户群体。

删除转化率异常高且点击指数异常低的关键词。根据公式，转化率＝支付买家数／点击量，可能存在关键词的点击人数非常少、转化率比值高的情况。此时只能说明关键词没有热度，无法体现转化效果。

删除转化率低于平均值的关键词，这类关键词转化价值低，不值得推广。

	A	B	C		D	E	F	G	H	I	J
1	关键词	推荐理由	行业类目		相关性	展现指数	点击指数	点击率	点击转化率	竞争度	平均点击单价
2	制冰机迷你小型		厨房电器	商厨制冷类设备	2	1299	57	4.39%	0%	93.0	1.75 元
3	冰块制作机		厨房电器	商厨制冷类设备	3	2808	161	5.74%	1.24%	96.0	3.11 元
4	制冰机	热词	厨房电器	商厨制冷类设备	5	84337	5092	6.04%	1.79%	410.0	3.33 元
5	watoor制冰机		厨房电器	商厨制冷类设备	5	1772	64	3.62%	0%	80.0	3.72 元
6	制冰机冰箱		厨房电器	商厨制冷类设备	2	114	0	0.1%	0%	17.0	0 元
7	hicon制冰机		厨房电器	商厨制冷类设备	3	1365	154	11.35%	1.94%	46.0	2.18 元
8	火锅店制冰机		厨房电器	商厨制冷类设备	2	1505	64	4.27%	6.23%	29.0	3.61 元
9	制冰机宿舍		厨房电器	商厨制冷类设备	2	2658	289	10.88%	0.69%	95.0	1.36 元
10	制冰机家用小型		厨房电器	商厨制冷类设备	2	3925	169	4.31%	2.96%	125.0	3.03 元
11	制冰机商用大型		厨房电器	商厨制冷类设备	2	4652	139	2.99%	2.88%	168.0	3.97 元
12	制冰机商用全自动		厨房电器	商厨制冷类设备	2	1868	68	3.68%	1.46%	97.0	3.67 元
13	制冰机冰盘		厨房电器	商厨制冷类设备	3	1246	38	3.05%	5.25%	72.0	2.34 元
14	制冰机圆球		厨房电器	商厨制冷类设备	2	1152	77	6.74%	1.29%	36.0	3.19 元
15	雪花制冰机		厨房电器	商厨制冷类设备	2	1319	63	4.8%	1.58%	78.0	1.7 元
16	制冰机家用		厨房电器	商厨制冷类设备	2	12837	1120	8.73%	2.23%	184.0	2.34 元
17	制冰机迷你		厨房电器	商厨制冷类设备	2	2316	205	8.86%	1.46%	79.0	1.45 元
18	制冰机商用奶茶店		厨房电器	商厨制冷类设备	2	12313	466	3.79%	2.57%	229.0	4.42 元
19	奶茶店制冰机		厨房电器	商厨制冷类设备	2	2394	58	2.46%	0%	105.0	4.41 元
20	制冰机 全自动		厨房电器	商厨制冷类设备	2	4595	179	3.91%	1.11%	146.0	4.31 元
21	制冰机小型		厨房电器	商厨制冷类设备	2	12224	842	6.89%	0.71%	177.0	2.36 元
22	制冰机家用迷你		厨房电器	商厨制冷类设备	2	888	63	7.13%	1.58%	39.0	1.5 元
23	制冰机寝室		厨房电器	商厨制冷类设备	3	1358	122	9%	0.82%	68.0	1.3 元
24	惠康制冰机	热词	厨房电器	商厨制冷类设备	3	2264	377	16.69%	0.53%	50.0	1.42 元
25	制冰机商用		厨房电器	商厨制冷类设备	3	33477	1652	4.94%	1.94%	367.0	5.07 元
26	制冰机商用小型		厨房电器	商厨制冷类设备	3	7039	370	5.26%	0.27%	171.0	4.11 元
27	制冰机小型		厨房电器	制冰机	2	24	0	0.49%	0%	2.0	0 元
28	制冰机	热词	厨房电器	制冰机	5	275	1	0.4%	0%	10.0	0.09 元
29	制冰机商用小型		厨房电器	制冰机	2	58	0	0.2%	0%	3.0	0 元
30	制冰机家用小型		厨房电器	制冰机	2	4	0	2.41%	0%	1.0	0 元
31	制冰机家用		厨房电器	制冰机	2	1	0	10.83%	0%	1.0	0 元
32	制冰机家用迷你		厨房电器	制冰机	2	1	0	10.83%	0%	1.0	0 元
33	制冰机宿舍		生活电器	快速制冷杯/制暖杯	2	179	12	6.91%	0%	9.0	1.07 元
34	制冰机寝室		生活电器	快速制冷杯/制暖杯	3	65	2	3.17%	0%	7.0	0.35 元
35	制冰机小型		生活电器	快速制冷杯/制暖杯	2	190	11	6.04%	0%	7.0	1.01 元
36	制冰机	热词	生活电器	快速制冷杯/制暖杯	5	217	8	4%	0%	19.0	0.19 元
37	制冰机迷你小型		生活电器	快速制冷杯/制暖杯	2	40	0	0.29%	0%	8.0	0 元
38	制冰机迷你		生活电器	快速制冷杯/制暖杯	2	40	2	5.06%	0%	10.0	0.62 元
39	制冰机家用		生活电器	快速制冷杯/制暖杯	2	220	4	2.23%	0%	20.0	0.68 元

图 2-3 关键词列表

步骤 4：数据排序

对展现指数、点击指数、点击转化率进行降序排序，对平均点击单价进行升序排序。尽可能选取推广成本低、流量大和转化效果好的关键词。

步骤 5：选定关键词

结合商品图片、商品属性和用户画像（判断关键词推广的人群是否与店铺的目标人群相符），选定关键词。关键词推广人群画像如图 2-4 所示。

图 2-4　关键词推广人群画像

关键词即商品标题包含的核心词。只有为商品设计出高质量的标题，让其契合客户的搜索需求和习惯，商品才会更多地出现在客户的搜索结果中。直通车推广的关键词也主要存在于商品标题中，只有这样，推广的商品才会出现在客户的搜索结果页面中。因此，在设计商品标题时可以参考直通车推广的关键词词库和客户热搜词等。

商品标题中的关键词根据特征不同，可以分为核心词、属性词、长尾词和促销词，如表 2-1 所示。

表 2-1　关键词的分类及特征

标题组成	特征
核心词	包含产品词、类目词、品牌词；搜索量大、曝光力度强且流量高，但精准度不够、转化率较低
属性词	说明商品的尺寸、色彩、质地等相关信息
长尾词	用户习惯搜索的词，代表用户搜索意图和习惯；通过搜索下拉框，参考同行 TOP 商品、直通车系统推荐词、生意参谋等；搜索量不稳定，但匹配度高、需求明确、转化率高
促销词	与商品活动相关，如包邮、特价、火爆热卖、限时打折等（实际设置标题时可以不加）

直通车推广包含智能推广和标准推广。智能推广可以实现智能选词，自动匹配搜索流量。推广的营销目标包含促进日常销售、打造趋势明星、获得活动引流、均匀测款、好货快投（见图 2-5）。

图 2-5　直通车智能推广

标准推广属于完全自定义可控的推广方式，从关键词到匹配方式，从日限额到出价，从人群到创意等，店铺卖家均可结合自身实际情况自行设定，精准可控（见图2-6）。

图2-6　直通车标准推广

直通车系统中拥有大量的词库，卖家可结合商品属性在词库中挑选优秀的关键词。进入千牛平台，单击推广板块，选择直通车工具（见图2-7）。

图2-7　选择直通车工具

进入直通车官网后，单击右边菜单的快捷入口——流量解析（见图2-8）。

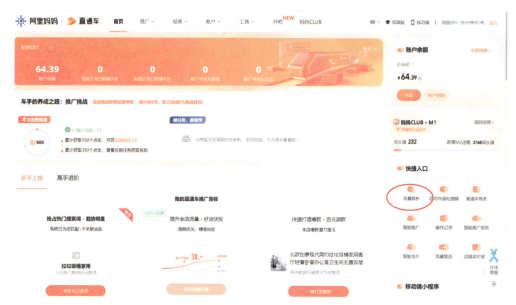

图 2-8　进入流量解析

  进入流量解析后，在关键词分析栏输入计划推广的商品关键词，查看相关词推荐。每个相关词都有对应的展现指数、点击指数、点击率、点击转化率、市场均价等指标（见图 2-9），卖家可以结合指标的数据表现和店铺的实际情况选择优秀的关键词。

图 2-9　相关词推荐

选定关键词后，查看关键词对应的推广人群画像（见图2-10），分析其是否与店铺的目标人群画像一致。

图2-10 推广人群画像分析

选定关键词后，可以对其进行标准推广，在直通车官网的推广板块，按照系统提示完成推广计划，如图2-11所示。当然卖家也可以结合店铺实际情况选择智能推广，如图2-12所示。但是选择智能推广并不意味着高枕无忧，卖家需要时刻关注推广情况。

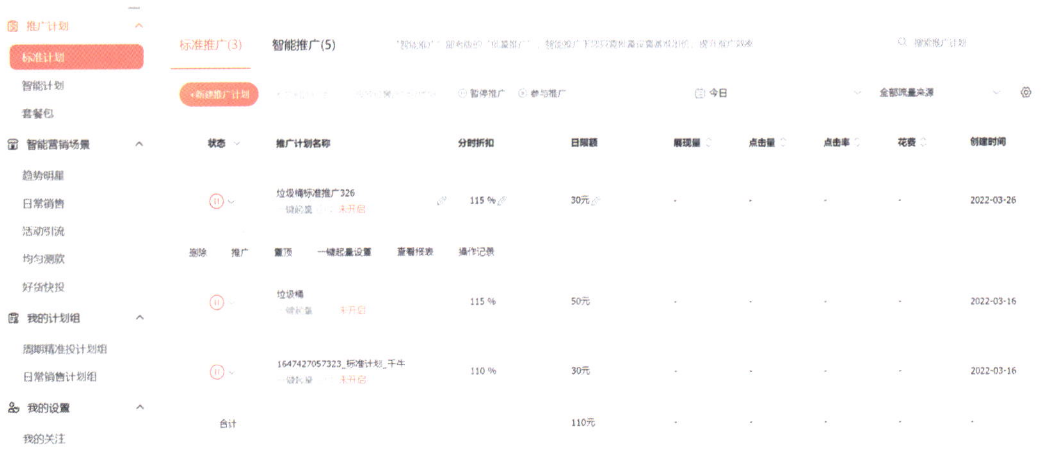

图2-11 标准推广

图 2-12　智能推广

子任务2 关键词推广效果分析

关键词推广效果分析（实践）

任务背景

为提高直通车推广的效率，H店铺选了一些关键词进行测试，请根据直通车推广报表数据（展现量、点击率、加购转化率、收藏转化率、点击转化率、花费与投入产出比等指标）优化关键词，提升推广效果。

任务分析

分析关键词推广效果，需要了解直通车扣费原理、直通车推广的利润公式，以及影响指标的各类因素（详见本小节知识园地），这样才能根据推广数据分析问题，并提出有效的改进建议。

任务操作

步骤1．展现量（曝光量）分析

对展现量进行降序排列，制作关键词展现量占比图（见图2-13），说明对展现量比较低的关键词的处理方法，并说明理由。

步骤2：点击量（率）分析

对展现量进行降序排列，制作关键词点击率柱形图（见图2-14），观察点击率（点击率＝点击量／展现量）。说明对高展现量、低点击率的关键词如何处理，并说明理由。对低展现量、高点击率的关键词又如何处理呢？

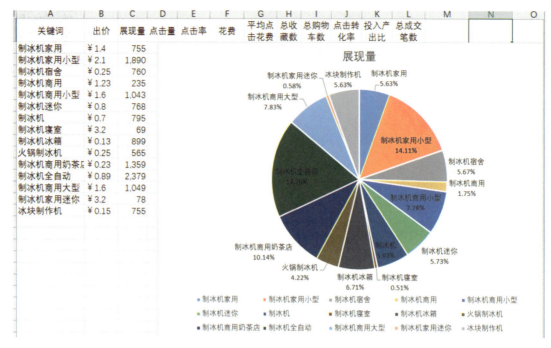

图 2-13 关键词展现量占比

关键词	出价	展现量	点击量	点击率
制冰机家用	¥1.4	755	174	23.05%
制冰机家用小型	¥2.1	1,890	82	4.34%
制冰机宿舍	¥0.25	760	49	6.45%
制冰机商用	¥1.23	235	67	28.51%
制冰机商用小型	¥1.6	1,043	116	11.12%
制冰机迷你	¥0.8	768	109	14.19%
制冰机	¥0.7	795	34	4.28%
制冰机寝室	¥3.2	69	2	2.90%
制冰机冰箱	¥0.13	899	124	13.79%
火锅制冰机	¥0.25	565	5	0.89%
制冰机商用奶茶店	¥0.23	1,359	129	9.49%
制冰机全自动	¥0.89	2,379	34	1.43%
制冰机商用大型	¥1.6	1,049	16	1.53%
制冰机家用迷你	¥3.2	78	8	10.26%
冰块制作机	¥0.15	755	17	2.25%

图 2-14 关键词点击率柱形图

步骤 3：收藏转化率、加购转化率、点击转化率分析

收藏转化率、加购转化率、点击转化率统计如图 2-15 所示。

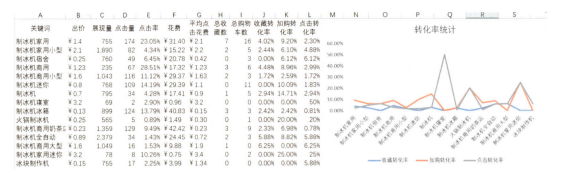

关键词	出价	展现量	点击量	点击率	花费	平均点击花费	总收藏数	总购物车数	收藏转化率	加购转化率	点击转化率
制冰机家用	¥1.4	755	174	23.05%	¥31.40	¥2.1	7	16	4.02%	9.20%	2.30%
制冰机家用小型	¥2.1	1,890	82	4.34%	¥15.22	¥2.2	2	5	2.44%	6.10%	4.88%
制冰机宿舍	¥0.25	760	49	6.45%	¥20.78	¥0.42	0	3	0.00%	6.12%	6.12%
制冰机商用	¥1.23	235	67	28.51%	¥17.32	¥1.23	3	6	4.48%	8.96%	2.99%
制冰机商用小型	¥1.6	1,043	116	11.12%	¥29.37	¥1.63	2	3	1.72%	2.59%	1.72%
制冰机迷你	¥0.8	768	109	14.19%	¥29.39	¥1.1	0	11	0.00%	10.09%	1.83%
制冰机	¥0.7	795	34	4.28%	¥17.41	¥0.9	1	5	2.94%	14.71%	2.94%
制冰机寝室	¥3.2	69	2	2.90%	¥0.96	¥3.2	0	1	0.00%	0.00%	50%
制冰机冰箱	¥0.13	899	124	13.79%	¥40.83	¥0.15	3	2	2.42%	2.42%	0.81%
火锅制冰机	¥0.25	565	5	0.89%	¥1.49	¥0.30	0	1	0.00%	20.00%	20%
制冰机商用奶茶店	¥0.23	1,359	129	9.49%	¥42.42	¥0.23	3	9	2.33%	6.98%	0.78%
制冰机全自动	¥0.89	2,379	34	1.43%	¥24.45	¥0.72	2	3	5.88%	8.82%	5.88%
制冰机商用大型	¥1.6	1,049	16	1.53%	¥9.88	¥1.9	1	0	6.25%	0.00%	6.25%
制冰机家用迷你	¥3.2	78	8	10.26%	¥0.75	¥3.4	0	2	0.00%	25.00%	25%
冰块制作机	¥0.15	755	17	2.25%	¥3.99	¥1.34	0	0	0.00%	0.00%	5.88%

图 2-15 转化率统计

通过以上分析，填写相应关键词。

收藏转化率最高的关键词是_____；

加购转化率最高的关键词是_____；

点击转化率最高的关键词是_____。

步骤 4：关键词花费与投入产出比分析

完成图 2-16 的制作，并结合花费与投入产出比为店铺选择较优的关键词。

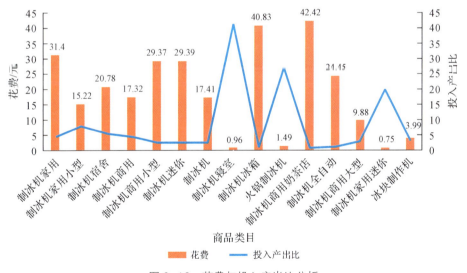

图 2-16 花费与投入产出比分析

直通车扣费原理如下：

$$综合排名＝质量分 × 竞价（关键词点击单价）$$

$$平均点击花费＝下一名竞价 × 下一名质量得分 / 自己的质量得分＋0.01$$

综合排名越靠前，直通车推广获得的展现量越高。

质量分是衡量店铺的关键词、商品推广信息与消费者搜索意向之间的相关性得分。质量分受相关性、创意得分和买家体验三大因素的影响。

相关性：关键词与商品类目、商品属性和商品本身信息的相关程度。例如一款面包服羽绒服，卖家在推广关键词时应推广"面包服"，而不是"面包"。"面包"属于食品类，与该商品类目、商品属性完全不相关。又如一件羊毛针织衫，卖家在推广关键词时可能会选择"纯羊毛"，这与该商品属性、商品本身信息不相关。一旦有消费者投诉，这就会被认定为虚假宣传行为，给店铺带来不可逆的严重后果。因此，要提高相关性，就要正确填写推广的关键词、商品类目和属性。

创意得分：由商品素材（图片、视频和关键词）的点击率来体现。点击率高，说明商品素材吸引消费者。当然，这里的消费者指店铺的目标消费群体，如果不是目标消费群体，再好的商品素材也无法获得高点击率，即无法获得高创意得分。因此，要提高创意得分，就要提升商品素材与目标消费人群的匹配度，即符合目标消费人群的需求偏好，也可以说流量精准。

买家体验：由产品承接转化能力来体现。产品承接转化能力指店铺的详情页、促销活动、产品和服务质量引导目标消费人群收藏、加购、下单的转化能力。因此，要提高买家体验，就要精准分析目标消费人群特征，有针对性地优化详情页、设置关联营销等促销活动，以及提高产品和服务质量。

提高相关性、创意得分、买家体验，才能提升质量分；提升质量分，才能获得更多流量（见图2-17）。可见，提升质量分对店铺运营的要求非常高，这也是为什么好的店铺做推广更容易，因为它们可以用高质量分来获得直通车流量。而差的店铺由于质量分低，只能做竞价推广。

影响因素	优化方法
相关性：关键词与商品类目、商品属性和商品本身信息的相关程度	关键词、商品类目和属性填写正确
创意得分：商品素材（图片、视频和关键词）的点击率	提升商品素材与目标消费人群的匹配度（流量精准）
买家体验：产品承接转化能力	提高产品和服务质量、优化详情页、设置关联营销、引导收藏及加购

图 2-17 质量分影响因素和优化方法

根据直通车推广的花费、销售额和利润公式，可以得出直通车推广的利润，从而提升直通车推广的效果。

$$点击量 = 点击率 \times 展现量$$

$$直通车的花费 = 点击量 \times 平均点击花费$$

$$直通车的销售额 = 点击量 \times 点击转化率 \times 笔单价$$

$$直通车的利润 = 点击量 \times （点击转化率 \times 笔单价 - 平均点击花费）$$

从利润公式可以看出，如果要提升直通车推广的利润，那么首先需要提升点击量、点击转化率、笔单价，同时要降低平均点击花费。

如果要提升点击量，就需要提升点击率和展现量。提升点击率，需要提升关键词与商品信息的相关性，以及质量分当中的创意得分，即提高商品素材与目标客户需求的匹配度，也就是流量精准度。而提升展现量，就要通过提升质量分来提高直通车排名。

如果要提升点击转化率和笔单价，一方面同样需要提升流量精准度，另一方面需要提升产品承接转化能力，即提升产品和服务质量，优化详情页中视觉、评价、评分、卖点呈现等因素，以及设置促销和关联营销等活动。

如果要降低平均点击花费，那么就要适当降低关键词竞价，提升质量分。

综合上述分析，提升直通车推广效果的关键因素就是适当降低关键词竞价、提升质量分。影响质量分的 3 个因素就是相关性、创意得分和买家体验。表 2-2 是直通车推广效果评价指标及其影响因素。

首先影响展现量的因素是直通车竞价和质量分。

影响点击率的因素主要是质量分、商品定价，以及直通车推广的时间、地域、渠道等因素与目标客户的匹配度。

影响直通车花费的因素主要是平均点击花费和点击量。

影响点击转化率的因素主要是流量精准度和产品承接转化能力。首先保证推广的人群恰好是店铺的目标人群，也就是流量精准度高；其次促使进入详情页的客户通过浏览商品详情页最终下单购买，这对产品承接转换能力有较高的要求。

影响投入产出比的因素主要是质量分和竞价，也就是影响直通车推广效果的关键因素。

表 2-2　直通车推广效果评价指标及其影响因素

名称	简称	含义	影响因素
展现量	PV	商品被展现的次数	直通车竞价、质量分
点击率	CTR	点击量 / 展现量	质量分、商品定价，以及直通车推广的时间、地域、渠道等因素与目标客户的匹配度
花费	REV	直通车点击产生的总费用	平均点击花费、点击量
点击转化率	Click ROI	成交单数 / 点击量	流量精准度、产品承接转化能力
投入产出比	ROI	总成交金额 / 花费	质量分、竞价

┊ **思考**

1. 对于展现量小且无点击量的关键词该如何处理？

2. 对于展现量大、点击率高、花费高，同时有加购、收藏，但无转化或转化率过低的关键词该如何处理？

3. 关键词为高展现量、高花费、低点击量、无加购、无收藏的情况下，如何制订创意计划？

4. 关键词为高展现量、高收藏、高点击量，但无转化的情况下，如何优化店铺？

5. 为什么选择直通车推广的关键词时需要考虑推广的人群画像和店铺的人群画像？

6. 现在淘宝平台推出了直通车智能推广计划，作为卖家是不是只要投钱加入计划就可以高枕无忧了？

岗课赛证小贴士

岗位：在生意参谋中，直通车推广的应用非常广泛，如日常销售、趋势明星、活动引流、均匀测款和好货快投等。我们需要基于不同推广目的，合理选择关键词和推广成本。

技能赛：直通车推广在沙盘运营中就是 SEM（search engine marketing，搜索引擎营销）推广，需要根据商品的绩效情况，决定是否推广，以及正确选择推广的关键词。一般情况下，当商品有绩效时，我们可以推广小流量词，或者不推广；当商品无绩效时，我们可以推广大流量词和次级流量词。

证书：重点掌握筛选直通车关键词的步骤，并针对不同推广状态的关键词，掌握店铺该如何调整推广计划。

任务2 | 内容运营效果分析及优化

■ **知识目标**

掌握内容运营效果数据采集与处理方案制订的方法。

理解评价内容运营效果的维度和指标。

■ **能力目标**

能够制订内容运营效果数据采集与处理方案。

能够基于内容运营效果评价的维度分析运营效果，并提出内容优化方案。

■ **素质目标**

内容运营效果数据庞大且复杂，要坚持数据分析客观、严谨、求真务实的职业素养。

内容运营效果数据如同直通车推广数据一样属于店铺的商业机密，在分析过程中须树立数据安全的法律意识。

提升内容运营效果需要持续分析和优化，在该过程中形成爱岗敬业、坚持不懈、有耐心的钉子精神，同时提升团队协作、发现问题和解决问题的能力。

在自媒体信息内容失真、运营行为失度的乱象下，内容运营须符合社会主义核心价值观，营造风清气正的网络环境。

■ **学习素材**

慕课：任务2　内容运营效果分析及优化。

子任务1　内容运营效果数据采集与处理方案制订

任务背景

　　H店铺为了扩大品牌知名度、提高产品的市场份额，在各个渠道投放了与制冰机产品相关的短视频。为了分析各个渠道短视频运营的效果、各条短视频内容运营的效果，以及对应商品的内容运营效果，请制订数据采集与处理方案。

任务分析

　　内容分析的维度主要为内容能见度、内容吸引度、内容引导力、内容获客力及内容转粉力。其中内容能见度代表内容覆盖消费者的广度，以及投放出去的内容实际可触达的消费者数量。内容吸引度代表内容吸引消费者关注、影响消费者情绪的能力，是品牌加强消费者记忆的重要抓手。内容引导力代表内容激发消费者"主动了解商品"的能力，引导力强说明内容已对消费者行为产生明显影响。内容获客力代表内容对消费者购买行为产生引导转化的能力，可用于评估内容营销引导客户收藏、加购及购买的效用。内容转粉力代表内容为品牌沉淀消费者资产的能力，转粉力强说明内容已引导消费者对品牌产生强烈兴趣（不局限于购买）。

任务操作

　　步骤1，确定数据分析背景与目标。
　　步骤2，确定数据分析指标。
　　步骤3，确定数据采集渠道及工具。
　　步骤4，撰写数据采集与处理方案。
　　请按照以上步骤完成表2-3。

任务2　内容运营效果分析及优化（1）

内容运营效果数据采集与处理方案制订（实践）

表 2-3　内容运营效果数据采集与处理方案

背景介绍	
数据分析目标	
数据分析指标	
数据采集渠道及工具	

🟡 子任务2　内容渠道分析

┊ **任务背景**

H 店铺为了扩大品牌知名度、提高产品的市场份额，在各个渠道投放了与制冰机产品相关的短视频。请分析各个渠道短视频运营的效果，并为 H 店铺提出内容渠道运营建议。

┊ **任务分析**

内容渠道运营效果分析主要运用内容效果评价指标比较分析各个渠道的运营情况，并分析得出哪个渠道的运营效果最好，建议 H 店铺在未来优先选择哪个内容渠道。

┊ **任务操作**

步骤 1：获取数据

从生意参谋的内容板块即可获取如图 2-18 所示的数据，其中播放、互动、引流和种草成交分别对应内容的 4 个维度——内容能见度、内容吸引度、内容引导力、内容获客力。

步骤 2：分析数据

请结合图 2-18，分析哪个渠道运营效果最好，并为 H 店铺提出内容渠道运营建议。

渠道分析 仅提供2022-02-10之后的数据

播放
☑ 播放次数　　　　　　播放人数

选择 5/5 重置

互动
视频互动人数　　☑ 视频互动次数　　　新增粉丝数

引流
☑ 内容引导访客数　　商品点击人数　　　商品点击次数　　　引导加购人数　　　引导加购件数

种草成交
☑ 内容种草人数　　种草粉丝人数　　☑ 种草成交金额　　种草成交人数

渠道名称	播放次数	视频互动次数	内容引导访客数 ↓	内容种草人数	种草成交金额 ⑦	操作
全部	19,975	114	9,731	12,035	9,032.00	趋势 ∨
较上周	+324.82%	+470.00%	+360.31%	+398.14%	+125.52%	
猜你喜欢短视频 ⑦	19,798	112	9,718	12,031	9,032.00	趋势 ∨
较上周	+322.13%	+460.00%	+360.13%	+398.18%	+125.52%	
其他	0	0	59	106	0.00	趋势 ∨
较上周	-	-	+136.00%	+125.53%	-	
逛逛 ⑦	177	2	52	23	0.00	趋势 ∨
较上周	+1,375.00%	-	+766.67%	+475.00%	-	

图 2-18　生意参谋的内容板块

子任务3　单条内容运营效果分析

任务背景

H 店铺为了扩大品牌知名度、提高产品的市场份额，投放了与制冰机产品相关的短视频。请分析各条短视频的运营效果，并为 H 店铺提出内容运营建议。

任务分析

单条内容运营效果分析主要运用内容效果评价指标比较分析各条短视频的运营情况，分析得出运营效果最好和最差的短视频，并说明短视频运营中存在的问题，提出未来改进的建议。

任务操作

步骤 1：获取数据

从生意参谋中获取单条内容的数据分析维度，如图 2-19 所示。导出数据，形成单条内容运营效果数据表，如图 2-20 所示。

步骤 2：绘制图形

分别绘制内容曝光度图、内容能见度图、内容吸引度图、内容引导力图、内容获客力图和人群沉淀图，如图 2-21 至图 2-26 所示。

步骤 3：单条内容运营效果分析

分析运营效果最好的短视频，从优点和缺点 2 个角度出发，为店铺提出改进建议。分析其余运营效果不佳的短视频，说明其存在的主要问题，并提出改进建议。

图 2-19　生意参谋中单条内容数据分析维度

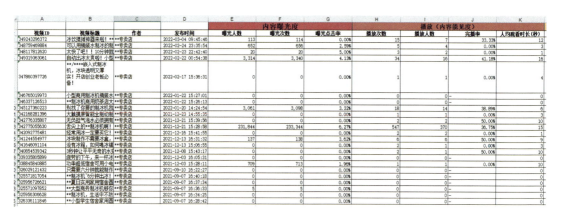

图 2-20　单条内容运营效果数据表

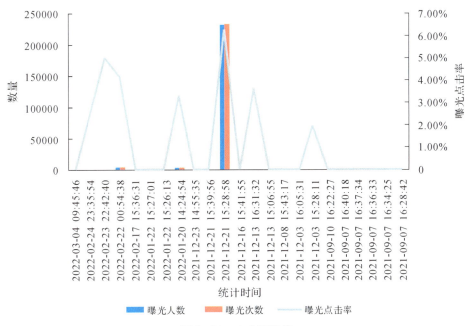

图 2-21　内容曝光度

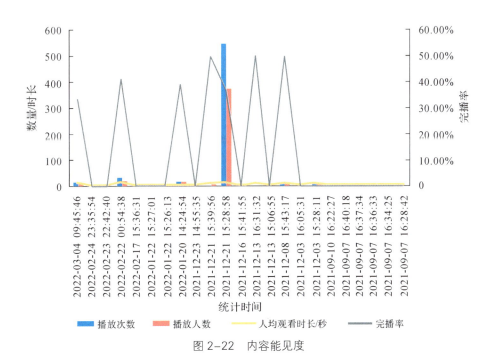

图 2-22　内容能见度

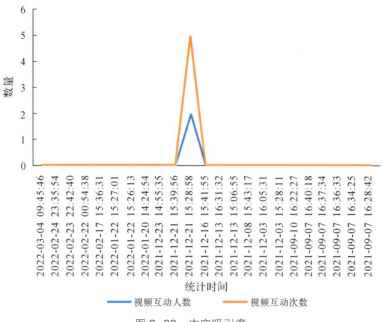

图 2-23　内容吸引度

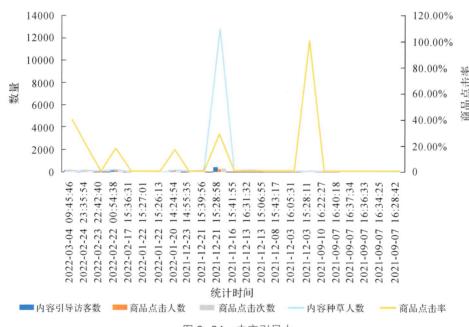

图 2-24　内容引导力

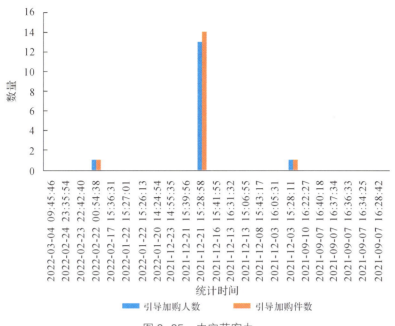

图 2-25　内容获客力

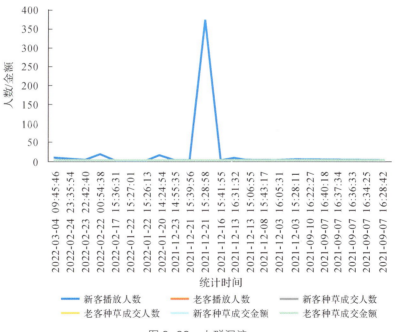

图 2-26　人群沉淀

子任务4 商品内容运营效果分析

┆ 任务背景

　　H店铺为了扩大品牌知名度、提高产品的市场份额，投放了与制冰机产品相关的短视频。请分析各款制冰机的内容运营效果，并为H店铺提出关于制冰机的内容运营建议。

┆ 任务分析

　　分析各款制冰机的内容运营效果，主要可从内容引导力和内容获客力2个维度开展，用效果评价指标比较分析各款产品的内容运营效果。

┆ 任务操作

　　步骤1：获取数据

　　从生意参谋中获取维度数据，如图2-27所示，形成如图2-28所示的表格。

商品分析						�ⅷ 下载
引流						选择 5/5 重置
☑ 点击次数　　粉丝点击次数　　☑ 收藏次数　　☑ 加购件数						
种草成交						
☑ 种草成交金额　　☑ 种草成交人数						
商品名称	点击次数 ⑦ ▾	收藏次数 ⑦ ⁞	加购件数 ⑦ ⁞	种草成交金额 ⑦ ⁞	种草成交人数 ⑦ ⁞	操作
i15KG不锈钢 制冰机小…	4.655	251	282	3.711	8	趋势
小型家用商 5KG圆潮风…	1.162	73	104	7.594	16	趋势
用商用制冰 高级定制…	1.094	64	68	2.133	4	趋势
箱Wifi小型 冰机15KG…	774	37	47	888	2	趋势
商用小型 奶茶店桶装…	234	12	15	0	0	趋势
用制冰机 办公室用全…	162	6	11	599	1	趋势
家用气泡水 便携式碳…	8	1	0	0	0	趋势

图2-27　商品分析数据采集维度

商品ID	商品名称	点击次数	粉丝点击次数	收藏次数
650992581163	****15KG不锈钢电子触	4,655	0	251
645910852753	****小型家用商用制冰	1,162	0	73
628346254434	**小型家用商用制冰机	1,094	0	64
632293854689	**智能语音Wifi小型商	774	0	37
631309602245	**制冰机商用小型25KG	234	0	12
628012734105	**小型商用制冰机25KG	162	0	6
646817861700	****家用气泡水机苏打	8	0	1

图 2-28　商品分析数据表格

步骤 2：计算转化率

为分析各款制冰机的内容运营效果，计算收藏转化率、加购转化率和成交转化率，并绘制成折线图，结果如图 2-29 所示。

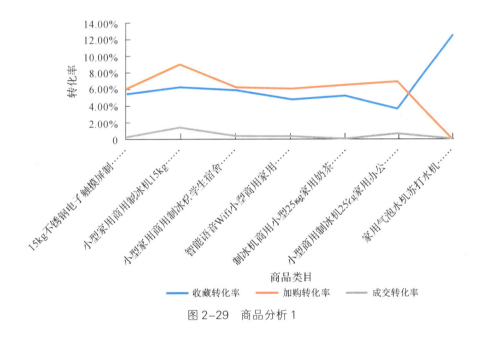

图 2-29　商品分析 1

步骤 3：绘制图形

选择每个商品的点击次数、收藏次数、加购件数和种草成交人数指标，绘制成组合图，结果如图 2-30 所示。

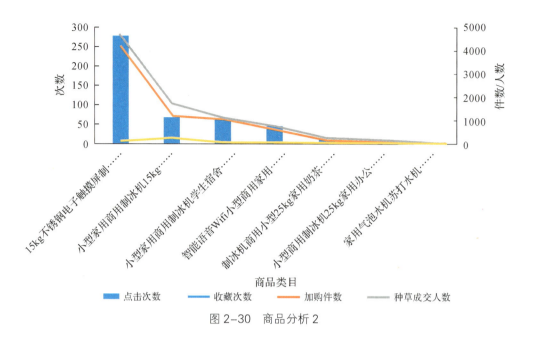

图 2-30　商品分析 2

步骤4：内容运营效果分析

结合图 2-29、图 2-30，分析哪一款制冰机的内容运营效果最好，并说明理由。

运营分析，即对电子商务平台内及平台外其他内容渠道的发布情况进行统计并分析，包括内容的展示、转化、传播、推广等维度，以及内容浏览人数、内容互动次数、引导进店人数、引导付款金额及增粉人数等核心指标。借助内容分析，可以有效地对内容形式及推广方式等进行评估和优化。

通过内容运营分析，可以比较多渠道投放、多种内容的推送效果，找到问题所在，及时调整优化内容，反馈内容运营效果，为业务部门提供决策参考。

直播案例解读

图 2-31 为 2022 年 10 月的 4 场零食销售直播情况。从直播曝光率指标来看，第一场直播的曝光率是最低的，其次是第三场。根据直播曝光率公式（曝光率＝曝光人数／观看

人数），结合当场观看人数分析，直播曝光率低可能与场景、摆放、主播形象、直播间营销工具有关，通常直播画面是主要影响因素。由于同行的平均曝光率为50%，因此这一直播间可能存在直播画面较暗、缺少记忆点的问题。

从商品曝光率和商品点击率指标来看，总体数据表现较好，说明在直播中加入新品、增加讲解次数、多次弹窗等调整方式是有效的。

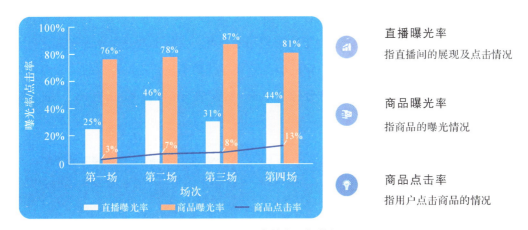

直播曝光率
指直播间的展现及点击情况

商品曝光率
指商品的曝光情况

商品点击率
指用户点击商品的情况

图 2-31　零食销售直播数据

总体来看，要想提升直播效果，可以从人、货、场三大方面进行优化。

第一，人员优化，分主播和运营两部分。主播多直视镜头，表情和蔼、亲切，避免眼神多次闪烁或者表情过于冷酷。而商品转化与话术息息相关，主播需要时刻提醒自己长话短说，减少无意义的语气词。当流量出现变动，比如突然大批量进人时，运营人员需要马上提醒主播切换成短频话术留人互动。同时一定要注意不说违规词，不要出现"最""极"等描述，以免使直播间被扣分。

第二，货品优化。对于零食类目的直播，商品种类很重要，在后续的直播中需要继续寻找销量高、评价好、有潜力的商品。直播时，运营人员需要配合主播多次弹出商品，吸引用户点击。

第三，场景优化。整体思路是朝着明亮、让观众有食欲的方向调整。前景的产品摆放，避免镜头虚化；背景处，外包装摆放要整洁有序，或尝试绿幕直播；直播间灯光需要将主播面部打亮，给食物搭配暖光；主播更换更有朝气的服饰和妆容。

图 2-32 是 2022 年 10 月发布的 5 个短视频数据表现情况，由于视频内容都着重于展示商品，导致播放量和完播率均较低。可以发现这 5 个视频的播放量逐步下滑，最终在 1 到 225 这个范围内，连最基础的播放层级都还没突破。完播率数据也逐步下降，说明目前的内容和表现手法不足以吸引用户持续观看。

大家已经做了不少尝试。比如测试发布时间，最终发现中午 12 点、傍晚 6 点前后 1 小时内发布视频数据涨势较好，而晚上则数据稳步上升。又比如通过短视频引流，可以看到视频 1、视频 4 对直播间产生了一定的引流效果。视频 1 是在正式开播前几天发布的，之后仍能引流。视频 4 是在开播前几分钟发布的，数据增长期和直播时间一致，也引流了。

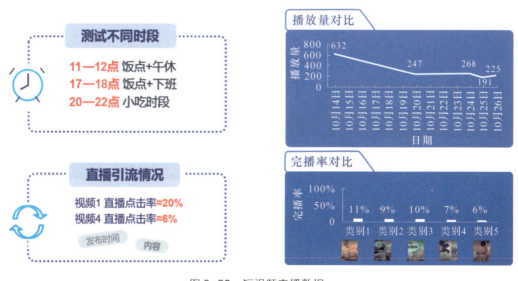

图 2-32　短视频直播数据

总体来看，如何才能优化短视频投放效果呢？我们可以从以下 4 个方面进行优化。

第一，调整视频内容，增加播放量。借鉴优秀同行的拍摄、剪辑手法，明确画面主体，调整亮度和色调，尝试加入轻人设内容。

第二，将重点放在前 3 秒，避免无意义的静止画面，增加有意思的口头禅、描述话术等，打造记忆点。

第三，在旁白和发布文案中加入有互动性的内容，可以采用疑问、反转对比的句式，提升互动指数。

第四，制订视频计划，增加发布数量，进入平稳期后可尝试投放，从而更有效率地运营短视频。

综上，直播和短视频就像是产品与用户之间的桥梁，用来解决用户顾虑。因此企业需要牢牢把握直播和短视频的优势，利用它们加强产品宣传，为企业获取更多盈利的机会。

┆ 思考

请分析影响内容能见度、内容吸引度、内容引导力、内容获客力和内容转粉力的因素及改进措施。

┆ 岗课赛证小贴士

岗位：进行内容运营时，通常会为了博眼球、吸引流量而分享或创造一些低俗、不实等的内容。作为数据分析专员，要对引起内容运营效果好的因素保持敏感，坚决抵制宣扬不良价值观的内容。

技能赛：关注站外推广的各个渠道的影响指数和投标成本，合理选择最佳的媒体渠道。

证书：我们需要结合内容运营评价的五大维度，客观分析各个渠道、各款商品和各条内容的运营效果，综合得出最优的渠道、商品或内容。

任务3 | 活动推广效果分析及优化

■ **知识目标**

掌握活动推广效果数据采集与处理方案制订的方法。

理解评价活动推广效果的指标。

■ **能力目标**

能够制订活动推广效果数据采集与处理方案。

能够分析活动推广效果，并提出推广优化方案。

■ **素质目标**

活动推广效果数据庞大且复杂，要坚持数据分析客观、严谨、求真务实的职业素养。

活动推广数据属于店铺的商业机密，在分析过程中须树立数据安全的法律意识。

提升活动推广效果需要持续分析和优化，在该过程中形成爱岗敬业、坚持不懈、有耐心的钉子精神，同时提升团队协作、发现问题和解决问题的能力。

在数字经济时代，制造企业亟须开展数字化转型，数据分析专员作为企业数字化转型的助推者，需要树立关注中国制造、服务地方经济的社会责任感。

■ **学习素材**

慕课：任务3　活动推广效果分析及优化。

子任务1 活动推广效果数据采集与处理方案制订

任务背景

H店铺制订了平台活动方案，方案如下：

目标人群：成年男性。

活动时间：2022年3月5日0时至2022年3月11日24时。

活动内容：新客专享，吸引新买家进店并关注宝贝，为品牌快速入市提供帮助。

现活动已结束，为了评估活动效果，请采集活动期间的店铺数据，包含活动为店铺带来的流量情况、转化情况和拉新情况，以便为其后期营销策略的制订提供参考。

任务分析

本营销活动的目的在于拉新，那么我们需要明确营销活动对拉新产生的效果。

任务操作

步骤1，确定数据分析背景与目标。

步骤2，确定数据分析指标。

步骤3，确定数据采集渠道及工具。

步骤4，撰写数据采集与处理方案。

请按照以上步骤完成表2-4。

任务3 活动推广效果分析及优化

表2-4 活动推广效果数据采集与处理方案

背景介绍	
数据分析目标	
数据分析指标	
数据采集渠道及工具	

子任务2　活动推广效果分析

活动推广效果
分析及优化
（实践）

活动推广效果
分析及优化
（拓展）

任务背景

　　根据 H 店铺制订的平台活动方案，请分析活动期间的店铺数据，包含活动为店铺带来的流量情况、转化情况和拉新情况，以便为其后期营销策略的制订提供参考。

任务分析

　　流量情况主要分析活动前后的有效访客变化。转化情况主要分析活动前后的客单价和转化率变化。拉新情况主要分析活动前后的新访客人数和新访客支付人数变化，以及在各渠道的拉新效果。

任务操作

　　步骤1：活动流量分析

　　选择店铺收藏人数、店铺加购人数和访客数指标绘制组合图（见图 2-33），分析店铺活动总体的流量情况。

　　步骤2：活动转化效果分析

　　选择浏览–支付转化率和客单价指标绘制组合图（见图 2-34），分析活动总体的转化情况。

　　步骤3：拉新效果分析

　　结合访客数、新访客占比、浏览–支付转化率和新买家占比分别计算新访客人数、支付买家数和新买家支付人数（见图 2-35）。计算公式如下：

$$新访客人数＝访客数 \times 新访客占比$$

$$支付买家数＝访客数 \times 浏览 - 支付转化率$$

$$新买家支付人数＝支付买家数 \times 新买家占比$$

图 2-33　活动流量情况

图 2-34　活动转化情况

N	O	P
新访客人数	支付买家数	新买家支付人数
167	3	3
166	6	6
310	5	5
520	13	13
2598	15	15
1124	7	6
803	3	2
990	5	5
612	12	11
1028	6	6
764	7	7

图 2-35 访客转化计算

最后选择访客数、新访客人数、支付买家数和新买家支付人数指标绘制组合图（见图 2-36），分析活动拉新效果。

图 2-36 拉新情况

结合步骤 1—步骤 3，请分析活动所带来的总体流量转化及拉新效果，并对店铺提出活动优化建议。

步骤 4：活动流量结构分析

按照流量来源对数据进行分类，明确各渠道数据占比。各渠道推广数据如图 2-37 所示，各渠道新老访客数据如图 2-38 所示。

	访客数	下单买家数	支付买家数	下单转化率	支付转化率	支付金额	客单价
频道	6407	6	5	0.09%	0.08%	67.62	13.52
其他	4439	45	42	1.01%	0.95%	566.67	13.49
平台首页	1454	3	3	0.21%	0.21%	46.15	15.38
搜索	1226	10	10	0.82%	0.82%	123.36	12.33
买家后台	623	33	32	5.30%	5.14%	416.25	13
购物车	198	21	21	10.61%	10.61%	302.91	14.42
收藏夹	1	0	0				

图 2-37　各渠道推广数据

渠道	访客数	老访客数	新访客数	新访客下单买家	新访客支付买家
频道	6407	1355	5052	5	4
其他	4439	810	3629	36	34
平台首页	1454	269	1185	1	1
搜索	1226	54	1172	7	7
买家后台	623	105	518	25	25
购物车	198	54	144	18	18
收藏夹	1		1	0	0

图 2-38　各渠道新老访客数据

对各渠道访客数、新访客数进行对比分析，如图 2-39 所示。

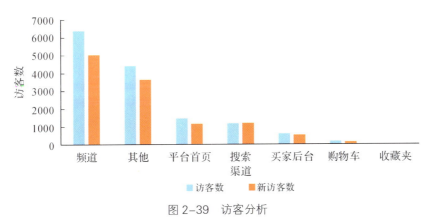

图 2-39　访客分析

对访客、新访客的支付人数进行分析，如图 2-40 所示。

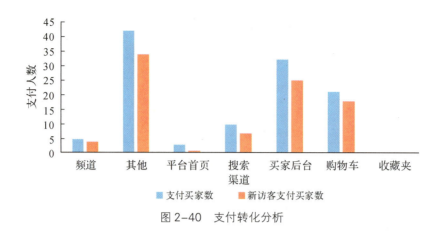

图 2-40　支付转化分析

根据不同渠道下的新访客和支付的情况，分析活动推广效果。

知识园地

活动推广包含 4 个阶段，分别是筹备期、蓄水期、预热期和活动引爆期。

第一，筹备期。在该阶段，需要向电商平台报名促销活动，制订活动计划；同时进行适当推广，向潜在客户传达促销活动信息。因此，在该阶段需要用展现量监控报名活动结束后平台的流量支持情况，以及用展现量、加粉数、加会员数和引流成本等指标监控推广引流情况。

第二，蓄水期。在该阶段，需要对参加活动的内容素材进行测试，测试的工具通常是直通车，具体测试内容为点击率、点击花费、投入产出比等，以及内容推广所形成的收藏、加购和成交转化情况。

第三，预热期。预热期类似"双 11"购物节的预售阶段，需要将店铺粉丝、老客户激活，通过推广的方式告知促销利益点，引导他们领券、加购和收藏，甚至支付定金等。所以要监控的指标有：预售数据，包括销售额、订单数、客单价、加购数、领券数等；直播数据，包括人均观看次数、观看停留时间和加购金额等。

第四，活动引爆期，也就是最后的尾款支付阶段。在该阶段要通过短信和粉丝群等途径告知客户支付尾款，实现转化。重点关注流量类指标和转化类指标，如实时访客数、转化率、销售额、加购数、收藏数、新增粉丝数等。

具体如表 2-5 所示。

表 2-5　活动推广阶段

活动阶段	重点工作任务	核心监控指标
筹备期 （潜客拉新、粉丝蓄水）	活动计划制订、活动产品规划、费用预算、活动报名、活动商品报名、新品打造、适当推广	展现量、加粉数、加会员数、引流成本
蓄水期 （蓄水种草）	内容种草、标签加深、活动商品培育、会场素材（活动）、活动备货	搜索展现量、点击率、点击花费、投入产出比、成交转化率、收藏数、加购数、内容互动量
预热期 （粉丝激活，收藏、加购）	预售单品推广（多渠道）、引导加购和领券、老客户召回、促销利益点告知	预售数据，包括销售额、订单数、客单价、加购数、领券数等；直播数据，包括人均观看次数、观看停留时间、加购金额等
活动引爆期 （全场景"收割"）	数据跟踪、催付、老客户召回	实时访客数、转化率、销售额、加购数、收藏数、新增粉丝数

活动推广结束后，需要对活动进行复盘。

在物流发货方面，通过关注物流时效类指标了解合作物流商的业务能力。

在服务关怀方面，通过客服响应时长、咨询转化率等指标了解客服人员的咨询转化能力。

在产品销售方面，通过售罄率、客单价、净利润等方面了解产品的盈利能力。

在流量复盘方面，通过流量数据和转化数据了解各个渠道的引流效果和转化情况。

在人群复盘方面，通过新增客户数、会员成交比等指标分析活动的拉新效果。

在内容复盘方面，通过内容评价的五大维度指标分析内容运营效果。

在转化复盘方面，通过各个环节的转化成交数据分析活动总体的转化情况。

其重点工作任务和核心监控指标如表 2-6 所示。

表 2-6　活动总结复盘

活动阶段		重点工作任务	核心监控指标
总结复盘 人群沉淀	物流发货	审单、仓库发货、商品盘点、货品调拨、补货计划、清仓计划	物流时效类
	服务关怀	发货提醒、售后处理、引导入会、会员买家秀征集	客服响应时长、咨询转化率等

活动阶段	重点工作任务		核心监控指标
总结复盘 人群沉淀	产品销售	产品复盘	核心产品售罄率
			客件数/客单价、连带率
			净利润、毛利、营销成本、退货率
	流量复盘	目标完成度	各流量组成和目标差异
		推广效率	各流量统计、同比、计划比、ROI、UV（unique visitor，独立访客）价值等
		站外推广	展现量、点击率、转化率等
	人群复盘	新客户增量	新增客户数、客户属性等
		会员成交	新增会员数、会员成交比等
	内容复盘	粉丝增量	净增粉丝数
		直播效果	关注数、人均观看次数、引导成交量
		图文效果	阅读次数、进店人数、加购件数等
	转化复盘	图片点击	点击率
		视频效果	完播率、引导加购、转化率等
		静默转化	成交占比、转化率等
		客服转化	询盘转化、订单支付率等

案例解读

众所周知，营销推广活动的目的是吸引客户、锁定客户和转化客户。根据淘宝平台"双11"购物节的时间节点，店铺营销细分为预售、尾款支付两大环节。

在预售环节有1元预订和预付定金的活动。其中1元预定获取礼品和活动名额，是可以辅助增加下单率的；预付定金的活动则是为了提前锁住用户、吸引还在摇摆的用户，同时让店铺合理备货，并在尾款支付环节让用户二次进店，实现分阶段促销。

在尾款支付环节，店铺可进行免单秒杀活动、满赠送好礼活动，再结合直播和广告投放，实现在销量递增的同时尽可能降低退货率，以及多渠道获取流量的目的。

图 2-42 是 2022 年淘宝直播间"双 11"活动期间的流量和销售情况。

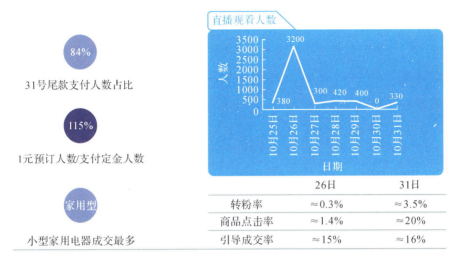

	26日	31日
转粉率	≈0.3%	≈3.5%
商品点击率	≈1.4%	≈20%
引导成交率	≈15%	≈16%

图 2-42　淘宝直播间"双 11"活动期间的流量和销售情况

从纵向看，在 10 月 31 日活动当晚，最终有 84% 的人支付了尾款；下单 1 元预订人数比支付定金的人数只多了大概 15%，说明直播间在促进用户支付这一块比较弱；当晚成交最多的是小型家用电器，符合原定的货品策略，但仍有不足，因为大型商用电器未出现成交。

从横向看，10 月 26 日当天直播间的观看人数最多，其中 90% 以上都来自系统推荐，但转粉率不足 1%，引导关注效果比较差。在 10 月 31 日当天，持续进行精准投放后，广告观看人数较 26 日增多，但转粉率和引导成交率变化仍不明显，说明直播间的整体转化率还是有待提升。

针对上述情况，直播间可以在话术、营销节奏、货品引导三大方面下功夫，提高转化率。

话术：提升主播端活动话术和转粉话术。用户通过店铺和详情页进入直播间属于漏斗行为，带有一定的购物需求。如果直播时活动讲解少，紧迫感塑造少，很难让用户产生下单欲望。

营销节奏：直播间节奏要跟着店铺营销节奏。例如在开门红前期，直播间的重心是活动宣传，重点引导 1 元预订和定金支付。在 10 月 31 日当晚，免单秒杀活动开始的第一个小时内，直播间的重点是引导用户参与免单赢好礼等限时活动。在直播尾声，要强调活动结束时间，制造紧张感，促使用户下单。

货品引导：直播间应该重点讲解和推荐本次活动主推的家用机器与商用机器，引导用户种草及下单，适当减少其他非主推品的推荐频率。

总体来看，无论是电商活动策划还是品牌推广，甚至是企业发展，都需要树立全局意识，从整体着眼，在每一个环节寻求最优方式，最终实现整体功能的最大发挥，其实这就是整体与部分在实际中的运用。

思考

店铺在不同阶段开展活动推广的目的不同，请分析不同目的下如何提高活动推广效果。

岗课赛证小贴士

岗位：活动推广分为多个阶段，如筹备期、蓄水期、预热期和活动引爆期，我们需要持续关注各个阶段的活动推广效果，充分体现爱岗敬业、坚持不懈、有耐心的工匠精神。

技能赛：在沙盘运营中，每个人群市场都有对应可推广的活动类型。我们可以根据活动推广效果分析店铺商品在不同市场的运营情况，并提出优化建议。

证书：重点需要根据不同推广目的，合理分析活动效果，并提出改进建议。

工作领域 3

供应链管理
效果分析及优化

任务1 | 采购数据分析及优化

■ **知识目标**

掌握采购数据采集与处理方案制订的方法。

理解采购的 5R 原则。

掌握采购需求计划和供应商选择计划制订的要素。

■ **能力目标**

能够制订采购数据采集与处理方案。

能够结合店铺实际情况，制订采购需求计划和供应商选择计划。

■ **素质目标**

采购数据分析关系到店铺的经营与发展，要形成客观、严谨、求真务实的职业素养。

采购数据属于店铺经营的商业机密，要形成保护数据、注重数据安全的法律意识。

通过采购数据分析为店铺提供采购建议，须具备爱岗敬业、诚实守信、廉洁自律的职业精神，坚决杜绝玩忽职守、收受贿赂的现象。

■ **学习素材**

慕课：任务1 采购数据分析及优化。

子任务1　采购数据采集与处理方案制订

任务背景

需求计划是采购的主要依据，采购中需要依据需求量的变动调整采购量，避免发生缺货或者库存积压，给店铺造成损失。同时选择合适的供应商进行采购，不仅可以给店铺提供售后保障，降低供应商不诚信等因素带来的风险成本，还可以降低采购成本。H 店铺计划对今年旺季（4—9 月）的制冰机需求量和供应商进行分析，为明年旺季（4—9 月）的采购做好准备。请采集采购数据和供应商数据，以便企业制订采购需求计划。

任务分析

制订需求计划时需要依据时间维度汇总日常需求和活动需求，得出各类制冰机的总需求数量。确定各个月份的制冰机总需求数量后，向店铺提出详细的采购计划，如从什么时间点开始采购备货，主要采购哪些规格的制冰机，数量多少，以什么价格向哪家供应商采购，即采购的 5R 原则 [适价（Right Price）、适质（Right Quality）、适量（Right Quantity）、适时（Right Time）、适地（Right Place）]。

任务操作

步骤 1，确定数据分析背景与目标。
步骤 2，确定数据分析指标。
步骤 3，确定数据采集渠道及工具。
步骤 4，撰写数据采集与处理方案。
请按照以上步骤完成表 3-1。

任务 1 采购数据分析及优化

表 3-1 采购数据采集与处理方案

背景介绍	
数据分析目标	
数据分析指标	
数据采集渠道及工具	

 子任务2　采购数据分析

采购数据分析
及优化
（实践1）

采购数据分析
及优化
（实践2）

任务背景

　　H 店铺计划对今年旺季（4—9月）的制冰机需求量和供应商进行分析，为明年旺季（4—9月）的采购做好准备。现请你根据采集到的采购数据和供应商数据，为企业制订采购需求计划和供应商选择计划。

任务分析

　　本任务需要制订采购需求计划和供应商选择计划。采购需求计划即根据制冰机的需求量变化，明确淡季和旺季，确定采购备货的时间、备货的主要规格和数量。供应商选择计划即根据供应商的历史交易记录和报价单，结合店铺实际情况，确定每种规格制冰机采购的供应商、价格及时间。

任务操作

　　步骤1：整理制冰机需求数据

　　整理制冰机需求数据，结果如图3-1所示。

　　步骤2：汇总制冰机需求数据

　　按照时间维度和产品维度，汇总制冰机的日常需求数据和活动需求数据（见图3-2），得到制冰机总需求数据（见图3-3）。

今年旺季制冰机日常需求汇总

月份	汇总数量/件	制冰机商用奶茶店大型（件）	制冰机商用奶茶店小型（件）	制冰机家用迷你（件）
4	200	68	72	60
5	253	78	95	80
6	263	82	96	85
7	356	110	130	116
8	8640	2960	3000	2680
9	11020	3940	3720	3360

今年旺季制冰机活动需求汇总

月份	汇总数量/件	制冰机商用奶茶店大型（件）	制冰机商用奶茶店小型（件）	制冰机家用迷你（件）
4	0	0	0	0
5	0	0	0	0
6	950	320	360	270
7	1826	586	638	602
8	4615	1627	1560	1428
9	7184	2907	2493	1784

今年旺季制冰机总需求汇总

月份	汇总数量/件	制冰机商用奶茶店大型（件）	制冰机商用奶茶店小型（件）	制冰机家用迷你（件）
4				
5				
6				
7				
8				
9				

图 3-1　今年旺季制冰机需求数据

| | | × ✓ | f_x | =B3+B12 | |

	A	B	C	D	E
	今年旺季制冰机日常需求汇总				
	月份	汇总数量/件	制冰机商用奶茶店大型（件）	制冰机商用奶茶店小型（件）	制冰机家用迷你（件）
	4	200	68	72	60
	5	253	78	95	80
	6	263	82	96	85
	7	356	110	130	116
	8	8640	2960	3000	2680
	9	11020	3940	3720	3360
	今年旺季制冰机活动需求汇总				
	月份	汇总数量/件	制冰机商用奶茶店大型（件）	制冰机商用奶茶店小型（件）	制冰机家用迷你（件）
	4	0	0	0	0
	5	0	0	0	0
	6	950	320	360	270
	7	1826	586	638	602
	8	4615	1627	1560	1428
	9	7184	2907	2493	1784
	今年旺季制冰机总需求汇总				
	月份	汇总数量/件	制冰机商用奶茶店大型（件）	制冰机商用奶茶店小型（件）	制冰机家用迷你（件）
	4	=B3+B12			
	5				
	6				
	7				
	8				
	9				

图 3-2　汇总制冰机需求数据

今年旺季制冰机总需求汇总

月份	汇总数量/件	制冰机商用奶茶店大型（件）	制冰机商用奶茶店小型（件）	制冰机家用迷你（件）
4	200	68	72	60
5	253	78	95	80
6	1213	402	456	355
7	2182	696	768	718
8	13255	4587	4560	4108
9	18204	6847	6213	5144

图 3-3　制冰机总需求数据

步骤 3：绘制图表

绘制制冰机今年 4—9 月的总需求数据，结果如图 3-4 所示。

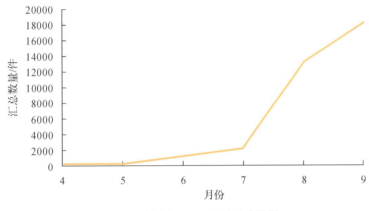

图 3-4　制冰机 4—9 月总需求数据

绘制各类制冰机产品在 4—9 月的需求分布图，结果如图 3-5 所示。

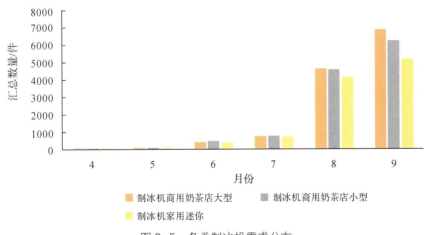

图 3-5　各类制冰机需求分布

步骤 4：采购需求计划制订

根据上述图表，分析 H 店铺需要从什么时间段开始采购制冰机，重点采购哪些制冰机。

步骤 5：整理供应商数据

供应商数据包含供应商交易记录和报价单。其中供应商交易记录可以源自供应商在 1688 网站的工厂档案页面（见图 3-6），也可以源自历史合作记录（见图 3-7）。

图 3-6　1688 网站上供应商历史交易记录

		供应商交易记录								
		历史交易订单数量	好评率	回头客比率	售后服务评分					
	供应商A	20000	70%	50%	88					
	供应商B	14000	88%	50%	95					
	供应商C	22000	80%	52%	90					
	供应商D	1100	90%	20%	85					
		1月	2月	3月	4月	5月	6月	7月	8月	9月
制冰机商	供应商A	250	200	320	300	290	340	360	380	360
用奶茶店	供应商B	200	200	300	300	300	300	320	350	330
大型采购	供应商C	230	210	340	310	300	310	320	340	320
价格	供应商D	210	200	320	290	270	280	290	310	310
		1月	2月	3月	4月	5月	6月	7月	8月	9月
制冰机商	供应商A	230	180	250	280	290	320	320	340	320
用奶茶店	供应商B	190	190	280	280	290	320	310	330	330
小型采购	供应商C	220	220	240	260	260	280	300	320	320
价格	供应商D	180	210	210	230	240	260	270	280	280
		1月	2月	3月	4月	5月	6月	7月	8月	9月
制冰机家	供应商A	240	240	250	250	280	290	340	350	350
用迷你采	供应商B	220	230	230	250	250	280	290	320	340
购价格	供应商C	220	240	250	260	270	280	290	310	320
	供应商D	200	230	240	250	260	260	270	300	320

图 3-7　供应商交易情况

步骤6：绘制采购价格图

绘制各类制冰机的采购价格折线图，结果如图3-8至图3-10所示。

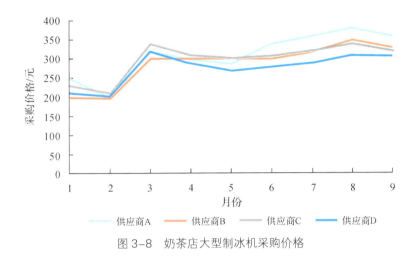

图 3-8 奶茶店大型制冰机采购价格

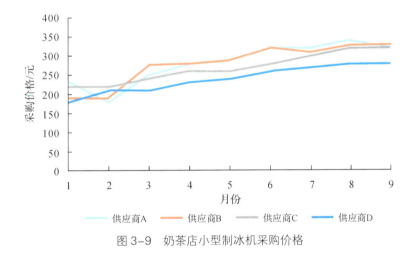

图 3-9 奶茶店小型制冰机采购价格

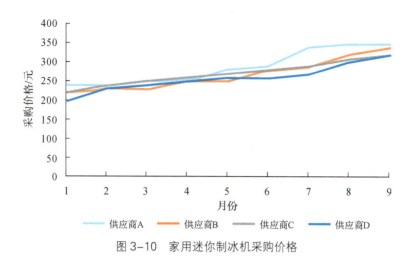

图 3-10 家用迷你制冰机采购价格

步骤 7：供应商选择

根据供应商交易记录和各类制冰机的采购价格，为每类制冰机采购选定供应商、采购价格和采购时间。

┊ **思考**

同一品类的不同店铺制订采购需求计划和供应商选择计划容易受哪些因素影响？

┊ **岗课赛证小贴士**

岗位：淘宝开店的模式一般分为自有货源渠道和网络代销渠道。自有货源渠道的采购数据分析和本实训任务基本一致；而网络代销渠道的采购数据分析需要额外关注供应商是否包邮、是否 7×24 小时响应、是否 48 小时内发货、是否是超级工厂或实力商家等因素，同时也需要关注供应商是否在淘宝开店等。

技能赛：在沙盘运营过程中，通常根据库存数量、仓库体积、商品绩效和自身店铺的资金决定采购的商品种类和数量。

证书：重点关注统计商品总需求量的方法，即总需求量 = 日常需求量 + 活动需求量。

任务2 | 仓储数据分析及优化

■ **知识目标**

掌握结存数量、库存数量和库存商品破损的统计分析方法。

掌握仓储商品管理的方法。

■ **能力目标**

能够完成仓储结存数量、库存数量和库存商品破损的统计分析。

能够提出关于仓储商品管理的有效建议。

■ **素质目标**

科学合理的仓储数据分析能够提升仓储管理的效率，要形成数据统计分析客观、严谨、求真务实的职业素养。

仓储数据庞大且复杂，做好仓储数据分析须具备爱岗敬业、坚持不懈、有耐心的钉子精神。

■ **学习素材**

慕课：任务 2 仓储数据分析及优化。

任务背景

H 店铺计划对现有库存情况进行分析，一方面核对产品数量，另一方面了解产品库存结构是否完整、产品数量是否适中，以及库存破损比例是否在可控范围内。通过库存分析，可以及时调整库存管理策略，保证商品供应的平衡，控制商品破损比，加快资金周转，等等。请对 H 店铺的库存数据进行整理分析，并将结果上报给部门领导。

任务分析

库存数据分析的意义不仅仅在于核对产品数量，还在于通过数据分析了解产品库存的情况，从而判断库存产品结构是否完整、产品数量是否适中，以及库存破损比例是否在可控范围内。

任务操作

库存数据分析的操作步骤及关键节点成果展示如下。

任务 2　仓储数据分析及优化　仓储数据分析及优化（实践）

步骤 1：数据获取

从企业仓储管理后台导出制冰机产品的库存数据表，结果如图 3-11 所示。

商品名称	单位	入库时间	期初数量	入库数量	出库数量	库存标准量	破损数量	破损原因
方形制冰机	台	2021/12/1	118	350	435	120		
圆形制冰机	台	2021/12/1	120	150	151	100		
家用制冰机	台	2021/12/1	124	50	99	50	1	包装
商用制冰机	台	2021/12/1	122	100	130	80		
升级版制冰机	台	2021/12/1	118	145	230	100	1	商品质量
家用商用制冰机	台	2021/12/1	120	150	172	100		
小功率制冰机	台	2021/12/1	128	130	125	100		
数控制冰机	台	2021/12/1	125	135	131	80	2	包装
宿舍迷你制冰机	台	2021/12/1	126	120	143	80	2	包装
碎冰机	台	2021/12/1	122	135	72	50	1	人为
奶茶店专用制冰机	台	2021/12/1	115	250	312	100		
50L小冰箱	台	2021/12/1	124	130	222	120		
车载小冰箱	台	2021/12/1	116	120	101	100	2	包装
家用小冰箱	台	2021/12/1	120	140	170	100	1	其他
车载家用小冰箱	台	2021/12/1	119	130	145	50	1	其他
化妆冷藏小冰箱	台	2021/12/1	120	150	147	80	3	商品质量
16L小冰箱	台	2021/12/1	116	130	135	80	6	污渍
冷藏冷冻数控小冰箱	台	2021/12/1	120	80	48	50	2	污渍

图 3-11　库存数据表

步骤2：结存数量计算

在F列后新增一列，输入字段名"结存数量"，通过公式"结存数量＝期初数量＋入库数量－出库数量"，计算得出各商品的结存数量，结果如图3-12所示。

商品名称	单位	入库时间	期初数量	入库数量	出库数量	结存数量	库存标准量	破损数量	破损原因
方形制冰机	台	2021/12/1	118	350	435	33	120		
圆形制冰机	台	2021/12/1	120	150	151	119	100		
家用制冰机	台	2021/12/1	124	50	99	75	50	1	包装
商用制冰机	台	2021/12/1	122	100	130	92	80		
升级版制冰机	台	2021/12/1	118	145	230	33	100	1	商品质量
家用商用制冰机	台	2021/12/1	120	150	172	98	100		
小功率制冰机	台	2021/12/1	128	130	125	133	100		
数控制冰机	台	2021/12/1	125	135	131	129	80	2	包装
宿舍迷你制冰机	台	2021/12/1	126	120	143	103	80	2	包装
碎冰机	台	2021/12/1	122	135	72	185	50	1	人为
奶茶店专用制冰机	台	2021/12/1	115	250	312	53	100		
50L小冰箱	台	2021/12/1	124	130	222	32	120		
车载小冰箱	台	2021/12/1	116	120	101	135	100	2	包装
家用小冰箱	台	2021/12/1	120	140	170	90	100	1	其他
车载家用小冰箱	台	2021/12/1	119	130	145	104	50	1	其他
化妆冷藏小冰箱	台	2021/12/1	120	150	147	123	80	3	商品质量
16L小冰箱	台	2021/12/1	116	130	135	111	80	6	污渍
冷藏冷冻数控小冰箱	台	2021/12/1	120	80	48	152	50	2	污渍

图3-12 结存数量计算

步骤3：库存数量分析

在店铺运营中，商品库存数量应保持适度，既要保证商品供应充足，又不能有太多积压。选择商品名称、结存数量和库存标准量数据列，选择【插入】选项卡，在【图表】组中单击【柱形图】下拉按钮，选择【簇状柱形图】选项，插入图表，然后调整图表大小，删除网格线，添加图表标题，结果如图3-13所示。

问题：观察图3-13所示的结存数量与库存标准量，对比分析各商品的库存数量是否适度，哪些商品供销平衡，哪些商品急需补货，哪些商品积压严重，针对积压严重的商品有什么建议，等等。

设定结存数量超过库存标准量的20%为积压严重，结存数量低于库存标准量的50%为急需补货。判断方法：（结存数量－库存标准量）/库存标准量≥20%，则为积压严重；结存数量≤库存标准量×50%，则为急需补货。注意：不同品类的库存标准量不同。

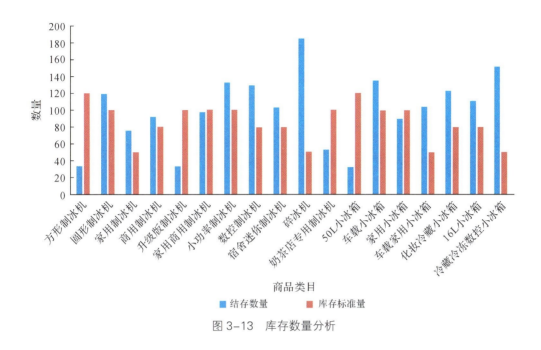

图 3-13　库存数量分析

步骤 4：库存商品破损统计

库存商品出现破损是无法避免的，但必须控制在正常范围之内，如果破损率过高，就需要找出原因，采取相应措施。本任务中，根据产品性质，企业规定库存破损率小于1%属于正常破损范围，大于等于1%即认定为破损率较高，须引起重视。

在工作表中绘制表格，输入字段名"总库存数量"（等于结存数量之和）、"破损数量"、"破损率"和"结论"，如图3-14所示。利用自动求和计算得出总库存数量和破损数量，再根据破损率＝破损数量／总库存数量，计算得出破损率，设置其格式为百分比、2位小数显示，最后根据破损率结果，判断其是否在正常破损范围内。

步骤 5：库存商品破损原因分析

在工作表中绘制表格，输入字段名"破损原因""数量"（见图3-15），进行库存商品破损原因统计。

选中相应数据，插入二维饼图，然后调整图表大小，添加图表标题，设置数据标签格式，完成图表制作，结果如图3-16所示。请根据该图对库存商品的破损比例和原因进行分析，并给出优化建议。

图 3-14　库存商品破损统计

图 3-15　库存商品破损原因统计

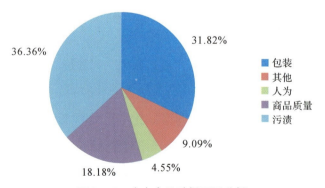

图 3-16　库存商品破损原因分析

结存数量：当下仓库所拥有的库存数量。

库存标准量：库存数量既能保证产品供应充足，满足日常销售所需，又不产生太多积压与较多仓储成本，该库存数量即库存标准量。不同品类的库存标准量不同，如生鲜类产品的库存标准量小于日用百货类的库存标准量。

库存健康度：包含对库存周转量、近效期库存、残次品库存和其他不良库存的分析（见图 3-17）。

图 3-17　库存健康度分析

思考

请你分析不同品类产品之间的库存标准量、库存周转量的差异，并举例说明。

岗课赛证小贴士

岗位：在岗位工作中需要判断库存产品结构是否完整、产品数量是否适中，以及库存破损比例是否在可控范围内，并为业务部门提供仓储管理方面的建议。

技能赛：在沙盘运营中，需要结合自身店铺的订单状况、运营策略和现有库存，判断是否需要补货、是否需要搬迁仓库等。

证书：重点掌握结存数量的计算方法，学会判断目前商品库存属于积压还是缺货状态。

任务3 ｜ 物流商选择数据分析及优化

■ **知识目标**

掌握揽收包裹数、平均支付-签收时长、物流差评率、签收成功率等指标的含义和统计分析方法。

掌握物流商选择的数据分析方法。

■ **能力目标**

能够通过指标的数据分析为企业选择合适的物流商。

■ **素质目标**

物流数据庞大且复杂，要形成数据统计分析客观、严谨、求真务实的职业素养。

树立家国情怀和社会担当精神，并以此为选择物流合作商的第一指标。

■ **学习素材**

慕课：任务 3　物流商选择数据分析及优化。

任务背景

近日，H 店铺出现了不少关于物流时效的投诉和差评，严重影响了店铺的动态评分。请结合店铺近半个月的物流数据进行分析，一起为各个地区选择出最佳物流合作伙伴，以此提升物流服务体验。

任务分析

最佳物流合作伙伴的选择需要考查以下几个指标：支付－签收时间短、无物流差评率、签收成功率 100%、揽收包裹数多（运营能力有保障）。

支付－签收时间：商品订单被支付到发货、揽收、运输和签收的时长。

物流差评率：因为揽收、运输或签收问题导致的物流差评数量 / 总物流订单数量。

签收成功率：签收成功的包裹数量占总发货数量的比例。

揽收包裹数：物流公司向企业反馈的已揽收的包裹数量。

任务操作

订单时效分析的操作步骤及关键节点成果展示如下。

任务 3 物流商
选择数据分析
及优化

步骤 1：数据获取

物流商数据如图 3-18 所示。

步骤 2：数据处理

工作表中的数据不能直接计算与分析，需要进行数据处理。选中"揽收包裹数（占比）"列中的数据，将单元格中的数据占比字符进行替换，如图 3-19 所示。结果如图 3-20 所示。

同理，替换清除"平均支付－签收时长"列数据中的"小时"字符，如图 3-21 所示。

物流公司	收货地	揽收包裹数（占比）	平均支付-签收时长（小时）	物流差评率	签收成功率
圆通速递	广东省	7(1.74%)	76.25小时	0.00%	100.00%
圆通速递	福建省	6(1.52%)	81.34小时	16.67%	100.00%
圆通速递	辽宁省	6(1.52%)	96.65小时	0.00%	100.00%
德邦快递	河南省	22(5.74%)	60.85小时	0.00%	100.00%
德邦快递	浙江省	18(4.99%)	62.60小时	0.00%	98.00%
德邦快递	福建省	17(4.96%)	59.57小时	0.00%	100.00%
德邦快递	江苏省	17(4.96%)	66.92小时	0.00%	100.00%
德邦快递	山东省	13(4.21%)	73.35小时	7.69%	100.00%
德邦快递	北京	11(3.72%)	75.50小时	0.00%	100.00%
德邦快递	广东省	10(3.51%)	50.13小时	0.00%	100.00%
德邦快递	河北省	10(3.51%)	72.73小时	0.00%	100.00%
德邦快递	江西省	7(1.74%)	52.99小时	0.00%	100.00%
德邦快递	黑龙江省	7(1.74%)	101.28小时	0.00%	100.00%
德邦快递	辽宁省	7(1.74%)	124.07小时	0.00%	100.00%
德邦快递	安徽省	6(1.52%)	49.20小时	0.00%	100.00%
德邦快递	重庆	6(1.52%)	72.41小时	0.00%	99.00%
德邦快递	云南省	37(15.88%)	53.49小时	0.00%	100.00%
德邦快递	四川省	5(1.52%)	75.45小时	0.00%	100.00%
德邦快递	上海	13(4.21%)	49.36小时	0.00%	100.00%
德邦快递	山西省	6(1.52%)	52.12小时	0.00%	100.00%
德邦快递	天津	5(1.52%)	87.57小时	0.00%	100.00%
邮政小包	广东省	22(5.74%)	40.33小时	0.00%	100.00%
邮政小包	江西省	10(3.51%)	84.96小时	0.00%	100.00%
邮政小包	福建省	10(3.51%)	100.46小时	25.00%	100.00%
百世快递	内蒙古自治区	10(3.51%)	81.56小时	0.00%	100.00%
百世快递	黑龙江省	7(1.74%)	87.95小时	0.00%	100.00%
百世快递	吉林省	6(1.52%)	108.79小时	0.00%	100.00%
百世快递	上海	6(1.52%)	59.73小时	0.00%	99.00%
中通快递	广东省	6(1.52%)	42.28小时	0.00%	100.00%
中通快递	山东省	5(1.52%)	75.86小时	0.00%	100.00%

图 3-18 物流商数据

图 3-19 替换操作

物流公司	收货地	揽收包裹数	平均支付-签收时长	物流差评率	签收成功率
圆通速递	广东省	7	76.25小时	0.00%	100.00%
圆通速递	福建省	6	81.34小时	16.67%	100.00%
圆通速递	辽宁省	6	96.65小时	0.00%	100.00%
德邦快递	河南省	22	60.85小时	0.00%	100.00%
德邦快递	浙江省	18	62.60小时	0.00%	98.00%
德邦快递	福建省	17	59.57小时	0.00%	100.00%
德邦快递	江苏省	17	66.92小时	0.00%	100.00%
德邦快递	山东省	13	73.35小时	7.69%	100.00%
德邦快递	北京	11	75.50小时	0.00%	100.00%
德邦快递	广东省	10	50.13小时	0.00%	100.00%
德邦快递	河北省	10	72.73小时	0.00%	100.00%
德邦快递	江西省	7	52.99小时	0.00%	100.00%
德邦快递	黑龙江省	7	101.28小时	0.00%	100.00%
德邦快递	辽宁省	7	124.07小时	0.00%	100.00%
德邦快递	安徽省	6	49.20小时	0.00%	100.00%
德邦快递	重庆	6	72.41小时	0.00%	99.00%
德邦快递	云南省	37	53.49小时	0.00%	100.00%
德邦快递	四川省	5	75.45小时	0.00%	100.00%
德邦快递	上海	13	49.36小时	0.00%	100.00%
德邦快递	山西省	6	52.12小时	0.00%	100.00%
德邦快递	天津	5	87.57小时	0.00%	100.00%
邮政小包	广东省	22	40.33小时	0.00%	100.00%
邮政小包	江西省	10	84.96小时	0.00%	100.00%
邮政小包	福建省	10	100.46小时	25.00%	100.00%
百世快递	内蒙古自治区	10	81.56小时	0.00%	100.00%

图 3-20 "揽收包裹数"列数据占比字符清除结果

物流公司	收货地	揽收包裹数	平均支付-签收时长	物流差评率	签收成功率
圆通速递	广东省	7	76.25小时	0.00%	100.00%
圆通速递	福建省	6	81.34小时	16.67%	100.00%
圆通速递	辽宁省	6	96.65小时	0.00%	100.00%
德邦快递	河南省	22	60.85小时	0.00%	100.00%
德邦快递	浙江省	18	62.60小时	0.00%	98.00%
德邦快递	福建省	17	59.57小时	0.00%	100.00%
德邦快递	江苏省	17	66.92小时	0.00%	100.00%
德邦快递	山东省	13	73.35小时	7.69%	100.00%
德邦快递	北京	11	75.50小时	0.00%	100.00%

查找和替换 ? ×

查找(D)　替换(P)

查找内容(N): 小时

替换为(E):

选项(T) >>

全部替换(A)　替换(R)　查找全部(I)　查找下一个(F)　关闭

| 邮政小包 | 广东省 | 22 | 40.33小时 | 0.00% | 100.00% |
| 邮政小包 | 江西省 | 10 | 84.96小时 | 0.00% | 100.00% |

图 3-21 "平均支付-签收时长"列数据字符清除结果

步骤 3：数据清洗

若"揽收包裹数"指标过小，则数据分析没有意义，因此这里需要将"揽收包裹数"值小于等于 5 的字段删掉，同时删除存在物流差评率和签收成功率非 100% 的字段。可利用排序或筛选工具完成此项操作，清洗后剩余 28 条记录。

步骤 4：创建数据透视图和数据透视表

插入数据透视图和数据透视表，选择要分析的数据及放置数据透视表的位置，在右侧【数据透视图字段】编辑区添加字段，修改"平均支付–签收时长"的【值汇总依据】为【求平均值】，结果如图 3–22 所示。

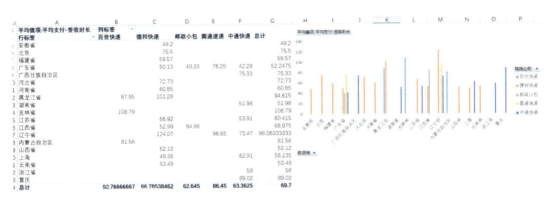

图 3-22　创建数据透视图和数据透视表

步骤 5：数据计算

将图 3-22 所示的数据透视表中的内容复制出来，利用公式进行"小时→天数"的数据计算，最终结果保留 1 位小数，如图 3-23 所示。该结果可以作为真实的物流时效参考，提供给询问客户。

步骤 6：订单时效分析

问题：通过对上述数据透视图和数据透视表的分析，可以得出哪些结论？又有哪些建议？（分析角度提示：该店铺合作的物流公司有哪些？哪些合作较多？整体而言，哪个物流公司效率更高？具体到某一地区，如广东省，对其物流选择有何建议？）

订单时效（小时）						
行标签	百世快递	德邦快递	邮政小包	圆通速递	中通快递	总计
安徽省		49.2				49.2
北京		75.5				75.5
福建省		59.57				59.57
广东省		50.13	40.33	76.25	42.28	52.2475
广西壮族自治区				75.33		75.33
河北省		72.73				72.73
河南省		60.85				60.85
黑龙江省	87.95	101.28				94.615
湖南省				51.98		51.98
吉林省	108.79					108.79
江苏省		66.92			53.91	60.415
江西省		52.99	84.96			68.975
辽宁省		124.07		96.65	73.47	98.06333333
内蒙古自治区	81.56					81.56
山西省		52.12				52.12
上海		49.36			62.91	56.135
云南省		53.49				53.49
浙江省					58	58
重庆					89.02	89.02

订单时效（天）						
行标签	百世快递	德邦快递	邮政小包	圆通速递	中通快递	总计
安徽省	0.0	2.1	0.0	0.0	0.0	2.1
北京	0.0	3.1	0.0	0.0	0.0	3.1
福建省	0.0	2.5	0.0	0.0	0.0	2.5
广东省	0.0	2.1	1.7	3.2	1.8	2.2
广西壮族自治区	0.0	0.0	0.0	0.0	3.1	3.1
河北省	0.0	3.0	0.0	0.0	0.0	3.0
河南省	0.0	2.5	0.0	0.0	0.0	2.5
黑龙江省	3.7	4.2	0.0	0.0	0.0	3.9
湖南省	0.0	0.0	0.0	0.0	2.2	2.2
吉林省	4.5	0.0	0.0	0.0	0.0	4.5
江苏省	0.0	2.8	0.0	0.0	2.2	2.5
江西省	0.0	2.2	3.5	0.0	0.0	2.9
辽宁省	0.0	5.2	0.0	4.0	3.1	4.1
内蒙古自治区	3.4	0.0	0.0	0.0	0.0	3.4
山西省	0.0	2.2	0.0	0.0	0.0	2.2
上海	0.0	2.1	0.0	0.0	2.6	2.3
云南省	0.0	2.2	0.0	0.0	0.0	2.2
浙江省	0.0	0.0	0.0	0.0	2.4	2.4
重庆	0.0	0.0	0.0	0.0	3.7	3.7

图 3-23　数据计算

知识园地

物流异常包含发货异常、揽收异常、运输异常、签收异常等情况。企业面临这些异常情况，需要分析可能造成的原因及解决方法。

发货异常：企业自身未做好库存采购计划导致出现缺货，企业自身未做好仓储管理导致发货效率低。

揽收异常：物流商的运营能力弱导致未及时揽收包裹，包裹数量超过物流商的运营能力。

运输异常：不可抗力因素、运输效率低。

签收异常：顾客下单失误，企业自身虚假宣传导致货不对板，物流商未点到点送达客户指定地点导致包裹丢失，物流运输条件差导致包裹损坏。

针对以上问题要逐一从客户角度、企业自身角度和物流商角度进行排查，确定问题并提出有效的改进措施。

思考

为了与物流商达成长期合作战略，在选择初期还需要考虑哪些指标？

技能赛：在沙盘运营过程中，为了尽快收到订单货款，通常会选择用蚂蚁快递物流商。物流商选择需要 2 个步骤：①在设配区勾选蚂蚁快递选项；②在订单分发后的物流选择栏中选择蚂蚁快递。

证书：物流商选择数据分析中，首先关注数据处理的方法：①运用替换的方法将不需要的字符去除；②运用 MID 函数将所需的字符截取出来。其次关注如何运用数据透视表体现每个物流商的运输效率。

任务1 | 客户分类

■ **知识目标**

理解客户分类的维度。

掌握客户分类的方法。

■ **能力目标**

能够进行客户分类,并制订回馈老客户的策略。

■ **素质目标**

客户数据庞大且复杂,要形成数据统计分析客观、严谨、求真务实的职业素养。

客户数据属于客户的隐私,要树立保护客户数据安全的法律意识。

■ **学习素材**

慕课:任务1 客户分类。

任务背景

客户分类除了能够帮助企业实现客户的识别和分类管理外，也能够指导企业优化资源配置和营销策略，使企业实现以客户为中心的个性化、精准化营销。为感谢老客户多年的信任与支持，H 店铺的负责人计划举办一场回馈老客户的活动，在回馈老客户的同时增强客户黏性。请对客户进行分类，从中筛选出老客户并制订匹配的回馈策略。

任务分析

进行客户分类，筛选出老客户，需要采集客户交易数据，包括交易状态、交易金额等，通过对交易数据进行分析，筛选出符合企业条件的客户作为老客户。设定老客户是成交订单数大于等于 2 且成交金额大于 1000 元的客户。

任务操作

步骤 1：获取数据

从千牛平台获取用户订单数据，结果如图 4-1 所示。

步骤 2：客户交易数据分析

任务 1 客户分类

使用数据透视表，对客户交易数据进行分析，得出每个客户的交易情况，包括各交易状态下的订单数及订单金额。

操作时，在"数据透视表"字段选中区域对应的所有内容，将【客户】【交易状态】设置为【行】，将【客户】【交易金额】设置为【求和项】，通过操作，得到的数据透视表如图 4-2 所示。

首先筛选出交易状态是"交易成功"的客户，在任意状态处右击，选择【筛选】→【标签筛选】选项，如图 4-3 所示。弹出【标签筛选（交易状态）】对话框，按图 4-4 所示进行设置，单击【确定】按钮。

客户	交易状态	交易金额（元）
im编号007	交易成功	689
幻蓝蟹子	交易关闭	689
起舞的水晶鞋	等待买家付款	298
下雪	交易成功	459
漂亮的银杏叶子	交易关闭	459
青岛小美	等待买家付款	298
百乐汇	交易关闭	699
向日葵	交易成功	298
lsxn222	交易成功	459
夏天柠檬	等待买家付款	298
微笑的猫猫	交易关闭	298
沙漠骆驼	交易关闭	459
咫尺天涯	交易成功	459
一起走	交易成功	459
流浪的诗人	交易关闭	459
四眼照万丈	交易成功	459
明天来之前	交易关闭	459
爱笑的苹果	交易成功	689
im编号007	等待买家付款	459
最好的遇见	交易成功	459
爱在西元前	交易关闭	459
爱吃小饼干	交易成功	298
百乐汇	交易成功	298
紫色的眼睛	等待买家付款	459
夏天柠檬	交易成功	459
触礁	交易成功	459
一起走	交易关闭	298

图 4-1　客户订单原始数据

行标签	计数项:客户	求和项:交易金额（元）
ijsyeh776	2	757
等待买家付款	1	459
交易成功	1	298
im编号007	6	3013
等待买家付款	2	918
交易成功	3	1797
交易关闭	1	298
lsxn222	1	459
交易成功	1	459
yy102	3	1406
等待买家付款	1	298
交易成功	2	1108
爱吃小饼干	1	298
交易成功	1	298
爱笑的苹果	1	689
交易成功	1	689
爱在西元前	2	1108
交易成功	1	649
交易关闭	1	459
百乐汇	3	1295
交易成功	2	596
交易关闭	1	699
触礁	3	1377
交易成功	3	1377
海一样的蓝	1	459
交易关闭	1	459
幻蓝蟹子	1	689

图 4-2　数据透视表

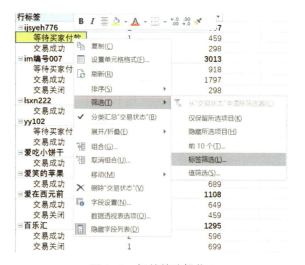

图 4-3　标签筛选操作 1

图 4-4　标签筛选操作 2

然后单击【计数项：客户】单元格，选择【数字筛选】→【大于或等于】选项，在弹出的对话框中输入"2"，如图 4-5 所示。单击【求和项：交易金额】单元格，选择【数字筛选】→【大于】选项，在弹出的对话框中输入"1000"，如图 4-6 所示。

图 4-5　成交订单数筛选操作　　　　　　图 4-6　交易金额筛选操作

最后得到图 4-7 所示的筛选结果，即为 H 店铺的老客户。

行标签	计数项:客户	求和项:交易金额（元）
im编号007	3	1797
交易成功	3	1797
yy102	2	1108
交易成功	2	1108
触礁	3	1377
交易成功	3	1377
夏天柠檬	4	1514
交易成功	4	1514
最好的遇见	3	1567
交易成功	3	1567
总计	36	16353

图 4-7　老客户筛选结果

步骤 3：制订老客户回馈策略

确定老客户后，请帮助企业制订老客户回馈策略。

知识园地

客户分类的维度：购买地域、购买次数、购买金额、购买状态、购买行为和客户属性。

购买地域：根据不同地域客户群的特点，进行差别化管理。因为同区域的客户在生活习性等方面也较为相似，按地域划分便于企业分区指定专人统一管理。

购买次数：根据客户消费次数，进行差别化管理。例如根据客户的消费次数，可以将客户分为 VIP、VVIP 等。划分等级可以让客户享受不同的服务，刺激客户重复下单购买。

购买状态：根据客户购买状态（加购、收藏或成交），进行差别化管理。淘宝平台对收藏客户的定义是 30 天内有收藏但没有支付的客户，对加购客户的定义是 30 天内有加购但没有支付的客户。针对有收藏或加购但没有支付的客户，企业可以通过发放优惠券、提示库存告急等方式促使客户下单购买。而对已经购买成交的客户，企业可以通过给予积分、复购优惠券等方式促使客户重复购买。

购买行为：根据客户购买行为，如购买频率、购买数量等，实现差别化管理和精准营销。

客户属性：根据客户基础属性（如性别、年龄、职业等）和产品偏好等，实现差别化管理和精准营销。

对于电子商务企业来说，进行客户分类管理能够让自己更加深入、全面地了解自己的客户，结合不同的客户类别特征，更好地定位品牌形象，制订客户策略、选品策略和营销策略等，更好地实现精准营销，提升销售水平，增强客户黏性，提升管理效率。

思考

1. 为什么需要进行客户分类？

2. 如何维护好与活跃客户之间的关系？

岗课赛证小贴士

岗位：对于交易失败的客户，卖家应该及时回访调查，了解清楚客户未成功购买的原因，如产品、服务原因，以便做出优化调整。对于处于等待付款状态的客户，卖家应该及时催付。

证书：分析老客户时，需要筛选客户的交易状态为"交易成功"，因为"交易关闭"和"等待买家付款"分别表示交易失败和交易未完成，其不属于店铺的真正客户。

任务2 | 客户忠诚度分析

■ **知识目标**

掌握重复购买率的计算方法。

理解客户忠诚度的概念。

理解客户忠诚度的影响因素、分析方法。

掌握提升客户忠诚度的方法。

■ **能力目标**

能够计算重复购买率。

能够分析客户忠诚度，并制订提升的方法。

■ **素质目标**

客户数据庞大且复杂，要形成数据统计分析客观、严谨、求真务实的职业素养。

客户数据属于客户的隐私，要树立保护客户数据安全的法律意识。

■ **学习素材**

慕课：任务 2　客户忠诚度分析。

H 店铺发现近 3 个月的客户忠诚度有所下降，首要表现是客户的重复购买率呈下降趋势。为了核实客户忠诚度下降的程度并及时优化客户忠诚度管理办法，请对 H 店铺的客户忠诚度进行分析，了解目前企业的客户忠诚度情况并进行优化。

任务分析

客户忠诚度分析，需要分析客户购买频次和客户重复购买率。分析客户购买频次，能够了解客户购买企业产品或服务的次数，根据次数多少判断企业客户整体忠诚度的高低；分析客户重复购买率，能够了解客户整体的忠诚度情况，并区分出哪些客户忠诚度高。

任务操作

步骤 1：客户购买频次分析

将源数据表格中 3 列数据（见图 4-8）复制粘贴到同一列，再选中数据，插入数据透视表，将【行】与【值】均设置为【用户名】，效果如图 4-9 所示。

步骤 2：客户重复购买率分析

填写客户重复购买率分析表，如表 4-1 所示。

任务 2 客户
忠诚度分析

表 4-1　客户重复购买率分析

客户总数量	
重复购买的客户数	
客户重复购买率	

步骤 3：归纳分析结论

结合以上分析结果，根据客户的忠诚度情况，提出改善措施。

用户名	用户名	用户名
英半elie8	凝Tlfl	菱玲flif13
妙之ein	文霞ircl	alwa587
柳妍y74	华芝ktot58	红螺rstm13
雨more31	杏雅the	哆啦A梦
妍静emor5	雨凝ori	怜gain45
之慕nlov5	颜英sea	妙之ein
童书ores	凝冰ntle	梅珊anyt00
怡畅lfi	韵含notb98	柳颜mesa96
千风eint130	蕾惜nlov45	howm741
梅珊anyt00	秋esan21	梅夜ntoa
柳颜mesa96	菱玲flif13	芳蓉nsit
howm741	alwa587	小霞gob
梅夜ntoa	红螺rstm13	P梦ly130
芳蓉nsit	蝶君ofl	艳琮sim
小霞gob	芳妍lal	thgain7
P梦ly130	童嘉ainl774	ainl000
艳琮sim	依飞emem	童书ores
thgain7	怜gain45	蝶ang君est
ainl000	MQply96	柳颜mesa96
姿念etur9	惜many	千风eint130
文霞anlo2	馨烟canc	惜many
芙英inlt	艳aga	芳妍lal
雨梅ieve45	MQesth88	馨烟canc
秋霞cann774	MYackt006	红娴man
uuuove	山芙rnin12	杏雅the
红娴man	gdfb544	雨凝ori
亦丹mest977	蝶ang君est	颜英sea
妙之ein	柳颜mesa96	凝冰ntle
彩静thin892	千风eint130	韵含notb98
晓蝶othe5	惜many	小白云789
e2颜lfl	芳妍lal	皮卡丘009
恩怜yswa4	馨烟canc	小布丁123
琼owm	红娴man	红牡丹hjl

图4-8 成交客户用户名

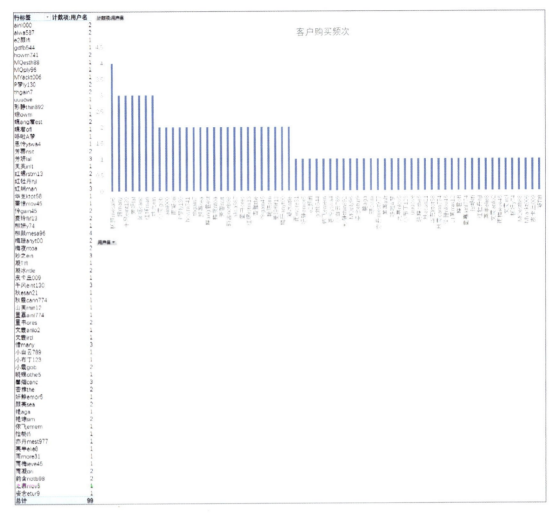

图 4-9　客户购买频次分析

知识园地

客户忠诚指客户对企业的产品或服务产生了好感，形成偏爱并长期频繁进行重复购买。客户忠诚度即客户黏度，反映的是客户购买行为的重复程度。

1. 提升企业客户忠诚度的作用

（1）有利于降低店铺经营成本。

忠诚的客户愿意继续购买或接受店铺的产品或服务，且愿意为优质的产品和一流的服务支付较高的价格，商家只需花费较少的人力、物力及时间成本就能与其完成交易。

（2）有利于提升店铺运营稳定性。

一方面，忠诚的客户会比一般客户更加注重产品的内在价值，且不会轻易受其他因素的影响而更换提供产品或服务的商家；另一方面，忠诚的客户更加重视与企业在情感上的联系，对所忠诚的企业出现的失误行为会持更加宽容的态度，并愿意主动向企业反馈信息、进行沟通。这就大大提升了店铺运营的稳定性和抗风险能力。

（3）有利于店铺在竞争中获得长期优势。

对于竞争对手来说，拥有高忠诚度客户的商家形成了一种较高的竞争壁垒，忠诚的客户能够自觉排斥"货比三家"的心理，在很大程度上抗拒其他企业提供的优惠和折扣等诱惑，一如既往地购买所忠诚企业的产品或服务。竞争对手如果想要吸引这种商家所拥有的客户，就必须投入更多的人力、物力，这种竞争方式往往会令很多竞争对手望而却步。

（4）能够帮助店铺形成口碑效应。

忠诚的客户往往会把自己愉快的消费经历和体验直接或间接地传达给周围的人，无形中成了商家免费的广告宣传员。这种宣传和推荐比商家自己做广告的可信度和效果要强得多。

2. 客户忠诚度判断

在商务数据分析中，主要选取重复购买率，简称复购率，来判断客户忠诚度。它指客户对企业产品或服务重复购买的次数，是考察客户忠诚度的核心指标。重复购买率越高，客户对企业的忠诚度越高，反之则越低。

一般企业计算复购率的常用方法有以下 2 种。

第一种：以每个购买过企业产品或服务的客户为单位，计算重复购买产品或服务的占客户人数的比率。假设客户样本 100 人，其中 50 人重复购买（不考虑重复购买了几次），则此时复购率 = $50/100 \times 100\% = 50\%$。

第二种：以交易次数计算，计算单位时间内重复购买次数与总交易次数的比值。假设客户样本 100 人，其中 50 人重复购买，这 50 人中有 35 人重复购买 1 次（即购买了 2 次），有 15 人重复购买 2 次（即购买了 3 次），则此时复购率 = $（35 \times 1 + 15 \times 2）/100 \times 100\% = 65\%$。

3. 提升客户忠诚度的方法

（1）提升产品和服务质量。

只有保证产品和服务质量，客户才会信赖店铺，产生重复购买行为。企业需要在选品时严格把关，筛选高质量的产品提供给客户。高质量的产品就位后，企业需要提升服务质量，如提供优质的客户服务，让客户与企业形成良性沟通和稳定联系，以此提升客户忠诚度。

（2）划分会员等级。

例如将会员分为普通会员、高级会员、VIP 会员和至尊 VIP 会员等（见图 4-10）。划分好会员等级后，可以结合企业产品价格、平均客单价、客户购买频次等确定每个等级会员的晋级条件。晋级条件不宜太高，太高会打消客户的晋级积极性；也不宜太低，太低不利于刺激客户消费。

图 4-10　会员等级

同时需要确定每一等级会员的特权，如会员专属优惠、会员专属客服、会员生日礼物、会员积分优惠等（见图 4-11）。这里也要注意等级不同的会员享有不同的特权，一般等级越高，特权越多。

图 4-11　会员特权

　　另外也需要对会员页面进行设计,方便会员查看活动或优惠信息。同时要及时发布会员优惠信息,让会员在第一时间获得信息并进行购买。

　　(3)确定积分制度。

　　积分制度是维持和提升客户忠诚度的重要手段之一。确定积分制度,主要是让客户能够相对容易地获取积分,且获取到的积分能够及时变现。客户一般可以通过购物、参与活动、收藏企业网店和签到等获取积分。客户获取积分后,可以兑换产品小样、兑换折扣、兑换优惠券和参与积分抽奖。

┇ **思考**

1. 不同品类的重复购买率标准有何不同?

2. 从职业道德角度看,分析客户忠诚度时需要注意什么问题?

┇ **岗课赛证小贴士**

岗位:在分析客户忠诚度时,可以有效利用生意参谋的客户板块信息(见图 4-12),包含对已购客户的分析、已购客户的人群画像、变化趋势和客单价等。随着大数据技术的成熟,卖家可以依靠生意参谋直接得出店铺的重复购买率,分析店铺的忠诚度情况,大大提升了运营效率。

证书：计算客户重复购买率时，需要统计重复购买的客户人数，此时容易将数据透视表中的总购买频次误当作重复购买的客户人数，正确的做法应该是统计数据透视表中客户用户名列的总单元格数量。

图 4-12　生意参谋客户板块

任务3 │ 客户行为分析

■ **知识目标**

理解客户的行为路径种类。

理解客户行为分析的维度和指标。

掌握客户浏览与收藏行为分析的方法。

掌握客户行为轨迹分析的方法。

■ **能力目标**

能够分析客户浏览与收藏行为，并提出优化建议。

能够分析客户行为轨迹，并提出优化建议。

■ **素质目标**

客户数据庞大且复杂，要形成数据统计分析客观、严谨、求真务实的职业素养。

客户数据属于客户的隐私，要树立保护客户数据安全的法律意识。

■ **学习素材**

慕课：任务3　客户行为分析。

任务背景

客户行为分析是对客户选择、购买、使用、评价、处理产品或服务过程中产生的数据进行分析。企业可以根据客户行为分析的结果预测客户需求、监测客户流向等，进而有针对性地提供满足客户需求的产品或服务，有针对性地引领客户转化到最优环节或企业期望客户抵达的环节，最终达到增加企业营收的目的。H 店铺为了优化企业运营策略并增加营收，决定对客户行为进行分析。请对企业客户浏览与收藏行为、行为轨迹展开分析。

任务分析

客户浏览与收藏行为分析是对单位时间内客户在企业网店的浏览量与收藏量变化趋势的分析。客户行为轨迹分析是对客户从进入企业网店到离开企业网店整个过程中的行为数据进行分析，需要分别从客户入口页面、客户来源路径、客户去向路径展开。

首先采集最近一个月的客户浏览量与收藏量数据，分析客户浏览与收藏行为是否存在异常，并找出数据量偏高（低）的时间段；然后分析客户行为轨迹，了解客户在企业网店页面的跳转情况，以此预测客户需求、监测客户流向，帮助企业优化运营策略。

任务操作

一、客户浏览与收藏行为分析

任务 3 客户
行为分析

步骤 1：选择并设置组合图形

选中数据表中的数值区域，插入组合图形，将【浏览量】设置为【簇状柱形图】，将【访客量】设置为【折线图】并勾选【次坐标轴】，如图 4-13 所示。

步骤 2：组合图形处理与分析

得到初步制作好的浏览量、收藏量组合图形（见图 4-14），对组合图形进行处理，包括添加标题、数据等，完成后进行客户浏览量与收藏量分析，哪个时间段浏览量最高，哪个时间段浏览量和收藏量同时最高，其他浏览量高的时间段为什么收藏量较低，并对 H 店铺提出建议。

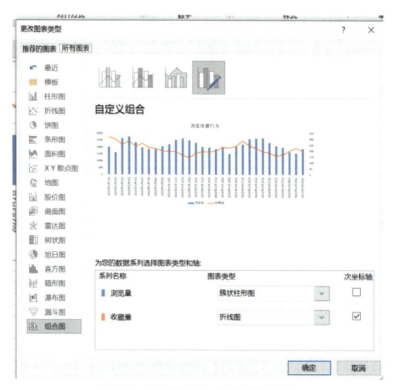

图 4-13　设置浏览量、收藏量组合图形

图 4-14　初步制作好的浏览量、收藏量组合图形

　　分析过程中注意结合网店运营经验，思考浏览量高意味着什么，以及在浏览量高的情况下哪些因素会导致收藏量发生波动。

二、客户行为轨迹分析

步骤 1：客户入口页面分析

客户入口页面即客户进入企业网站或 App 等的入口页面。常见的流量入口页面有导购页面、内容页面、首页、产品详情页、搜索结果页、其他页面。图 4-15 是 H 店铺客户入口页面数据汇总。

流量类型	流量来源明细（页面）	访客数	支付买家数	支付转化率
淘内免费	手淘推荐	32,889	35	0.11%
淘内免费	首页推荐-短视频	22,899	14	0.06%
淘内免费	手淘搜索	17,382	224	1.29%
淘内免费	短视频全屏页上下滑	12,221	32	0.26%
淘内免费	购后推荐	8,916	1	0.01%
付费流量	直通车	7,762	30	0.39%
付费流量	万相台	2,685	108	4.02%
淘内免费	手淘淘金币	1,513	6	0.40%
自主访问	购物车	1,395	220	15.77%
付费流量	引力魔方	1,382	0	0.00%
自主访问	我的淘宝	1,068	64	5.99%
淘内免费	首页推荐-微详情	1,040	9	0.87%
付费流量	超级推荐	743	0	0.00%
淘内免费	手淘问大家	682	14	2.05%
淘内免费	手淘旺信	667	91	13.64%
淘内免费	逛逛	646	0	0.00%
淘内免费	淘内免费其他	345	21	6.09%
淘内免费	手淘拍立淘	344	6	1.74%
付费流量	淘宝客	240	19	7.92%
淘内免费	淘宝特价版	224	0	0.00%
淘内免费	手淘淘宝直播	211	12	5.69%

图 4-15　客户入口页面数据汇总

为了优化显示效果，需要选中数据透视图，将其图表类型重新设置为组合图，完成后的效果如图 4-16 所示。

完成上述操作后，请根据图表分析客户入口页面，并对 H 店铺提出建议。客户入口页面分析主要分析哪个流量渠道最容易获得客户，为店铺流量渠道布局提供参考。

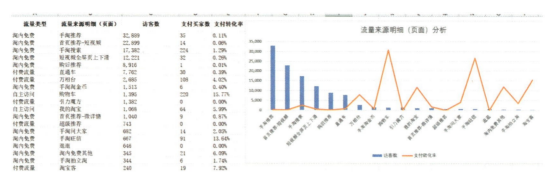

图 4-16　调整后的客户入口页面数据图

步骤 2：客户店内路径分析

（1）详情页客户来源路径分析。

图 4-17 是该企业详情页的客户来源路径及去向路径。请分析详情页的客户来源路径，对 H 店铺的页面设置提出改进建议。

图 4-17　企业详情页的客户来源路径及去向路径

（2）详情页客户去向路径分析。

请分析详情页客户去向路径，对 H 店铺的页面设置提出改进建议。

详情页的客户来源和去向路径分析可以呈现店铺页面设置问题，如页面的引导力、产品的吸引力和产品之间的关联性等。

客户除了可以通过搜索产品、浏览分类来了解产品，也可以通过浏览内容页面了解产品（见图 4-18），如抖音视频、小红书等。因此，通过对客户行为路径的分析，不仅可以了解传统电商运营方面的问题，还可以了解内容运营方面的问题。

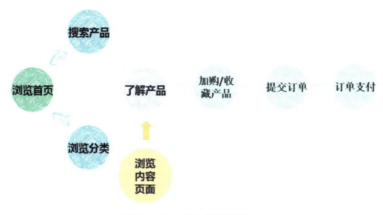

图 4-18　客户行为路径

浏览与收藏行为分析有利于帮助分析商品主图、标题、价格等基础设置是否存在问题，产品推广是否有效，产品是否吸引人。

行为轨迹分析有利于帮助分析店铺页面设置是否存在问题，包含店铺首页问题、商品详情页问题和关联营销问题等。

客户行为分析包含 3 个指标：反映客户持续访问情况的黏性指标、反映客户参与程度的活跃指标和反映客户价值的产出指标（见图 4-19）。

黏性指标：包括访问频率和访问间隔时间。访问频率指单位时间内客户访问网页的平均次数，访问间隔时间指客户 2 次不同的连续访问所间隔的时间长度。通常情况下，客户的访问频率越高、访问间隔时间越短，说明客户对店铺的依赖程度越高。

活跃指标：包括平均停留时长和平均访问深度。平均停留时长指每一位客户浏览某一页面所花费的平均时长，平均访问深度指每一位客户平均访问的页面数。尽管平均停留时长和平均访问深度都能反映店铺产品对客户的吸引力，但是平均停留时长过短或过长，均属于不好的情况。客户在店铺的平均停留时长过短，说明店铺产品不吸引客户；平均停留时长过长，说明店铺产品卖点不突出或者性价比不突出，无法让客户尽快决策下单购买。

产出指标：包括订单数和客单价。订单数指客户下单的总数，客单价指平均每一位客户在店铺购买的总金额。订单数或客单价越高，表明店铺运营状态良好；相反，店铺就需要反思运营方面存在的问题。

图 4-19　客户行为分析的指标

1. 一段时间内，影响店铺浏览量与收藏量变化的因素可能有哪些？

2. 客户入口页面高访客量、低支付转化率的原因可能是什么？

3. 客户从一个商品详情页跳转到另一个商品详情页的现象说明什么？对店铺有什么运营建议？

岗课赛证小贴士

岗位：客户行为可以反映出一个店铺各方面的运营情况，如店铺页面设置、视觉设计、产品服务和营销策略等方面，因此分析客户行为时需要综合考虑各因素，为店铺提出有效的运营策略。

证书：重点掌握详情页客户的来源路径和去向路径。对来源路径进行分析，提出店铺需要优化的页面；对去向路径进行分析，提出营销策略及详情页优化的建议。

店铺综

任务1 | 客户服务异常数据鉴别及分析

■ **知识目标**

理解影响客服响应时长、回复次数和答问比的因素。

掌握通过条件格式突出显示异常数据的方法。

掌握 IF 函数和 RANK 函数的应用方法。

■ **能力目标**

能够应用条件格式突出显示反映客服能力的异常数据。

能够应用 IF 函数和 RANK 函数分析客服的业务能力。

能够针对客服业务能力提出优化提升的建议。

■ **素质目标**

客户服务数据分析过程中须形成数据统计分析客观、严谨、求真务实的职业素养。

■ **学习素材**

慕课：任务 1 客户服务异常数据鉴别及分析。

店铺综合运营
诊断及优化

任务背景

近日，H 店铺发现店铺转化率低是由于客服人员询单转化率低造成的，请找出异常数据，并提出提升客服人员能力的优化策略。

任务分析

询单转化率指客户咨询店铺客服，由店铺客服促成该交易，形成的销售转化百分比。询单转化率低的原因可能有客服首次响应时长异常、客服 10 分钟内未响应次数异常、客服存在未回复现象。基于以上 3 个因素，再进一步分析可能存在问题的客服人员，最终制订提升客服人员能力的优化策略。

任务操作

异常数据可以通过数据监控报表的异常数据波动反映出来，也可以借助数据监控工具进行查看。本次任务借助数据表来对异常数据进行鉴别与分析，其操作步骤及关键节点成果展示如下。

步骤 1：鉴别异常数据，分析异常原因

首先分析影响客户转化的相关数据。店铺对客服首次响应时长、客服 10 分钟内未响应次数、客服未回复次数 3 个指标的波动范围的规定如表 5-1 所示。利用条件格式对异常数据进行突出显示。选中需要处理的数据，单击【条件格式】按钮，在其下拉菜单中选择【突出显示单元格规则】选项（见图 5-1），选定规则，并完成规则设置（见图 5-2），即可完成异常数据的突出显示。

对照表 5-1 中的指标正常波动范围，分别对客服首次响应时长、客服 10 分钟内未响应次数、客服未回复次数的异常数据突出显示，结果如图 5-3 所示。

表 5-1　核心指标数据的波动范围

数据类型	波动范围
客服首次响应时长	≤ 90 秒，为正常数据范围
	＞ 90 秒，为异常数据范围
客服 10 分钟内未响应次数	≤ 5 次，为正常数据范围
	＞ 5 次，为异常数据范围
客服未回复次数	＞ 0 次，为异常数据范围

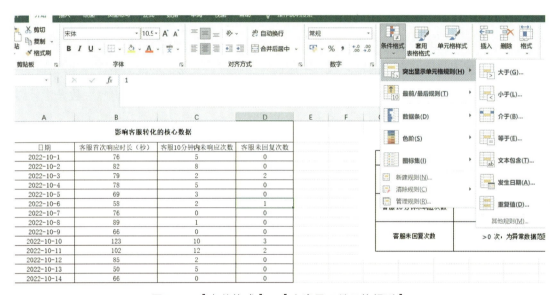

图 5-1　【条件格式】→【突出显示单元格规则】

图 5-2　规则设置

影响客服转化的核心数据			
日期	客服首次响应时长（秒）	客服10分钟内未响应次数	客服未回复次数
2022-10-1	76	5	0
2022-10-2	82	8	0
2022-10-3	79	2	2
2022-10-4	78	5	0
2022-10-5	69	3	0
2022-10-6	58	2	1
2022-10-7	76	0	0
2022-10-8	89	1	0
2022-10-9	66	0	0
2022-10-10	123	10	3
2022-10-11	102	12	2
2022-10-12	85	2	0
2022-10-13	50	5	0
2022-10-14	66	0	0
2022-10-15	69	2	0
2022-10-16	85	1	0
2022-10-17	68	3	1
2022-10-18	72	5	0
2022-10-19	85	1	0
2022-10-20	59	3	0
2022-10-21	77	5	0
2022-10-22	78	1	0
2022-10-23	65	0	0
2022-10-24	60	2	0
2022-10-25	59	0	0
2022-10-26	68	6	1
2022-10-27	74	1	0
2022-10-28	65	3	0
2022-10-29	81	1	0

图 5-3　异常数据突出显示

其次分析客服个体服务数据。明确了客服问题和时间点之后，便需要分析具体是哪个客服的数据异常，并找到提升服务的策略。选择数据指标，对客服个体服务的核心数据进行汇总整理，如表 5-2 所示。

表 5-2 客服人员的业务能力数据

客服名称	客服未回复次数	客服答问比	客服回复率 /%	平均响应时长 / 秒
叶子	2	1.01	99.80	51.20
小雪	0	1.20	100.00	45.00
璇儿	1	0.90	99.00	56.90
舟舟	1	0.98	95.00	60.00
琪琪	0	1.05	100.00	61.00
团团	1	1.18	99.50	62.00
可儿	10	0.35	50.00	49.70

接下来选择排序方式，分别按照客服答问比、客服回复率及平均响应时长对客服进行排序，并将排序名次填入表 5-3 中。其中客服答问比数值越大，说明客服越热情；客服回复率越高越好；平均响应时长越低越好。

公式应用如下：

= IF (条件 ,"真值","否则达到假值")

= RANK (单元格 , 数据范围 , 0) 降序

= RANK (单元格 , 数据范围 , 1) 升序

表 5-3 客服人员的业务能力排序

客服名称	是否出现未回复	客服答问比排序名次	客服回复率排序名次	平均响应时长排序名次
小雪				
团团				
琪琪				
叶子				

客服名称	是否出现未回复	客服答问比排序名次	客服回复率排序名次	平均响应时长排序名次
舟舟				
璇儿				
可儿				

请根据表 5-3 中的数据结果，分析每个客服的服务能力，并提出每人需要提升的薄弱环节，填入表 5-4。

表 5-4　客服个人能力分析

客服名称	客服个人服务能力分析
小雪	
团团	
琪琪	
叶子	
舟舟	
璇儿	
可儿	

步骤 2：制订优化对策

结合影响客户转化的核心数据分析结果，为店铺整体的客户转化数据提升制订策略，并结合客服个人服务能力分析结果对服务能力较弱的人员提出优化对策。

┊ **思考**

影响客服响应时长、回复次数、答问比的因素可能是什么？

岗位：在实际工作中，考核客服团队的工作能力，可以参考生意参谋中的服务洞察板块（见图 5-4），包含了客服销售额、平均响应时长、询单转化率、客户满意率等核心指标。基于这些指标，可以在客服绩效页面中进一步分析每一个客服人员的工作能力。

图 5-4　生意参谋中的服务洞察板块

证书：重点掌握突出显示异常数据的方法、IF 函数和 RANK 函数的应用方法，理解影响客服响应时长、回复次数和答问比的因素，了解客服服务改善提升的方法。

任务2 | 店铺销售数据分析及优化

■ **知识目标**

理解影响销售额的因素。

掌握利用数据分析找出引起销售额变化的主要因素的方法。

了解数据分析报告的内容要素。

■ **能力目标**

能够通过数据分析找出引起销售额变化的主要因素。

能够结合色阶和数据条分析数据变化，找出异常数据，并提出改进建议。

■ **素质目标**

店铺销售数据庞大且复杂，要形成数据统计分析客观、严谨、求真务实的职业素养。

店铺销售数据属于商业机密，要树立保护数据安全的法律意识。

店铺销售数据分析对于店铺运营发展至关重要，在分析过程中须具备爱岗敬业、坚持不懈、有耐心的钉子精神。

■ **学习素材**

慕课：任务 2　店铺销售数据分析及优化。

任务背景

H店铺持续记录每日的销售金额，最近发现网店的销售金额有了明显下降。请找到引起销售额数据变动的原因，并制订提升销量的策略。

任务分析

判断哪个因素引起了销售额数据的变化，关键在于判断哪个因素的变化趋势与销售额的变化趋势基本一致。若一致，则该因素引起了销售额变化；反之，则未引起销售额变化。

任务操作

步骤1：销售额变化趋势分析

根据表5-5中的数据，绘制销售额变化折线图。

根据图5-5可知，除第45周与第46周受到"双11"活动的影响，数据存在波动外，从第37周开始到第44周，每周的成交金额逐渐下降。针对以上情况，请分析销售额下降的具体原因，得出结论，并做出相应的调整。销售额计算公式如下：

$$网店的销售额 = 展现量 \times 点击率 \times 转化率 \times 笔单价$$
$$= 访客数 \times 转化率 \times 笔单价$$
$$= 订单量 \times 笔单价$$

表 5-5 销售金额统计表

日期	周数	销售额 /元	笔单价 /元	订单量 /个	转化率 /%	访客数 /人次
2022 年 9 月 2 日—2022 年 9 月 8 日	第 36 周	24975.4	82.7	302	3.00	10067
2022 年 9 月 9 日—2022 年 9 月 15 日	第 37 周	26096.0	112.0	233	3.33	6997
2022 年 9 月 16 日—2022 年 9 月 22 日	第 38 周	18840.6	116.3	162	2.84	5704
2022 年 9 月 23 日—2022 年 9 月 29 日	第 39 周	16877.7	119.7	141	2.95	4780
2022 年 9 月 30 日—2022 年 10 月 6 日	第 40 周	15840.0	110.0	144	3.58	4022
2022 年 10 月 7 日—2022 年 10 月 13 日	第 41 周	14755.0	113.5	130	2.46	5285
2022 年 10 月 14 日—2022 年 10 月 20 日	第 42 周	13161.4	110.6	119	2.76	4312
2022 年 10 月 21 日—2022 年 10 月 27 日	第 43 周	12143.4	109.4	111	3.39	3274
2022 年 10 月 28 日—2022 年 11 月 3 日	第 44 周	12001.0	109.1	110	3.81	2887
2022 年 11 月 4 日—2022 年 11 月 10 日	第 45 周	10434.0	111.0	94	2.67	3521
2022 年 11 月 11 日—2022 年 11 月 17 日	第 46 周	26247.2	120.4	218	2.61	8352
2022 年 11 月 18 日—2022 年 11 月 24 日	第 47 周	24128.0	116.0	208	2.37	8776
2022 年 11 月 25 日—2022 年 12 月 1 日	第 48 周	20169.5	139.1	145	2.87	5052
2022 年 12 月 2 日—2022 年 12 月 8 日	第 49 周	21683.8	119.8	181	3.43	5277

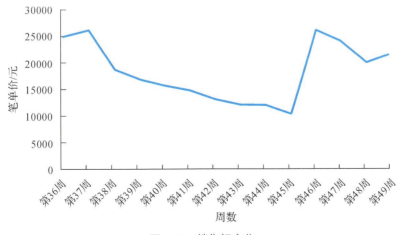

图 5-5 销售额变化

步骤 2：笔单价数据分析

绘制笔单价变化折线图（见图5-6），并分析是否是笔单价的变化引起了销售额的变化。

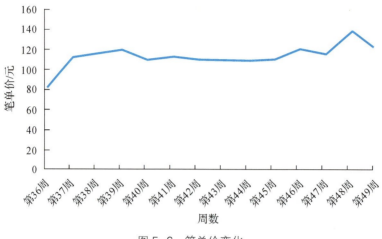

图 5-6　笔单价变化

步骤 3：订单量数据分析

绘制订单量变化折线图（见图5-7），并分析是否是订单量的变化引起了销售额的变化。

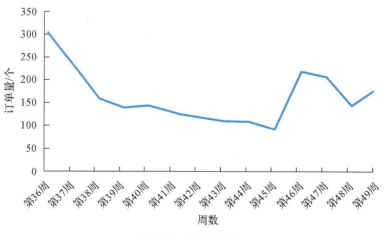

图 5-7　订单量变化

步骤 4：转化率数据分析

绘制店铺转化率变化折线图（见图 5-8），并分析是否是转化率的变化引起了销售额的变化。

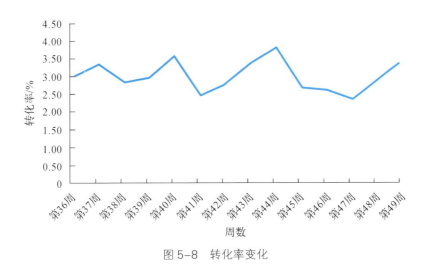

图 5-8　转化率变化

步骤 5：访客数数据分析

绘制访客数变化折线图（见图 5-9），并分析是否是访客数的变化引起了销售额的变化。

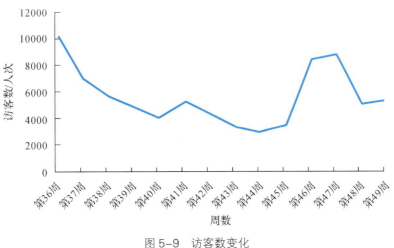

图 5-9　访客数变化

步骤 6：分析数据变动原因

总结引起销售额变化的主要指标是什么，并提出改进建议。

知识园地

案例解读

2022 年 3—6 月，H 店铺出现营业额未达预期目标、互动和关注度低等问题。针对这些问题，对店铺进行运营诊断及优化。图 5-10 是 H 店铺总体的交易情况（注：开门红指 5 月 29 日—6 月 3 日，品类日指 6 月 4 日—6 月 13 日，狂欢日指 6 月 14 日—6 月 20 日）。

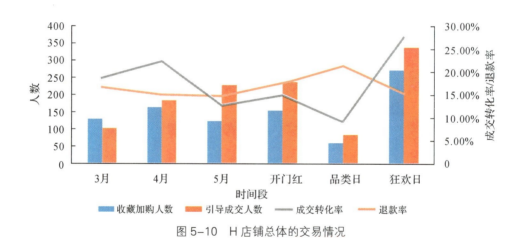

图 5-10 H 店铺总体的交易情况

从收藏加购、成交人数看，先增加后减少，再增加，其中品类日人数最少。从成交转化率看，3、4 月份较高，5 月到品类日较低，狂欢日达到最高。从退款率看，只有 3、4 月和狂欢日的退款率低于成交转化率，其余阶段退款率均高于成交转化率。这些都是典型的异常数据，是什么原因导致出现这些异常数据呢？

从收藏加购、成交人数看，品类日人数少，可能是因为该阶段促销力度小。"6·18"活动的大促节点分别是 6 月初和 6 月 18 日左右，即开门红和狂欢日，这两个时间段的流量最高，所以店铺为了实现流量转化，会提高促销力度。相反，品类日的流量比较少，所以店铺的促销力度也较低，最终导致收藏加购和成交的人数也比较少。这其实属于正常现象，消费者的购买力在"6·18"活动期间发生了前置和后置。

从成交转化率看，5月到品类日的数值较低，可能是因为该阶段的流量非常高。根据成交转化率公式，成交转化率＝成交人数／进店访客数，流量高即代表进店访客数多，在成交人数没有发生巨大增长的情况下，转化率就会降低。这也属于正常现象。

从退款率和成交转化率看，5月到品类日的退款率远远高于成交转化率，可能是因为大促前吸引的流量不够精准，即店铺商品无法满足进店消费者的需求。针对该问题，需要进一步分析客户画像，了解客户的需求痛点、使用场景、价格偏好等，制订精准营销策略。

思考

为什么展现量在店铺运营过程中是稳定的？

岗课赛证小贴士

岗位：在不同平台，引起销售额变化的因素可能不一样，大家需要分情况讨论。例如：在抖音平台，引起销售额变化的可能是短视频推广力度和创新性等；而在淘宝平台，引起销售额变化的可能是直通车推广力度、店铺综合情况等。

技能赛：在沙盘运营中，引起销售额变化的可能是商品在不同市场中的竞争度，如低价市场中的价格竞争性、犹豫市场中的优惠力度竞争性、综合市场中的综合指数竞争性、品牌市场中的媒体指数竞争性等。大家需要及时监控分析市场占有率和竞争对手的相关信息。

证书：重点掌握判断引起销售额变化的方法。

为了迎接即将到来的"双11"平台活动，H店铺制订了活动前的推广宣传策略为网店引流。然而，要想让网店引来的流量发挥更大的价值，就要让进店的客户下单购买商品，提高转化率。为了了解目前全店转化率的情况，请分析2022年10月店铺转化的关键数据，形成全店转化率监控报表。

折线图可以清晰呈现数据的变化趋势，应用较为广泛。除此之外，条件格式如色阶也可以呈现数据的变化趋势。色阶当中红色越深，数值越小；蓝色越深，数值越大。同一种颜色深浅变化说明数值变化相对较小，而跨颜色变化，说明数值变化相对较大。

步骤1：转化率折线图绘制

绘制全店成交转化率、询单转化率及静默转化率走势图，结果如图5-11至图5-13所示，分析是哪个转化率指标出现了问题。

通过折线图分析2022年10月店铺全店成交转化率、询单转化率、静默转化率数据变化的趋势，并分析引起10月10日—10月11日全店转化率波动比较大的原因。

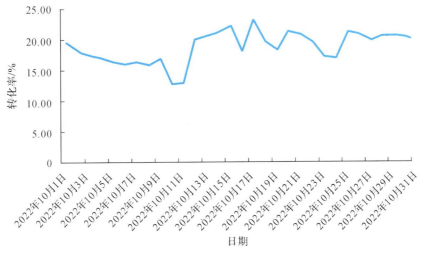

图 5-11　全店成交转化率

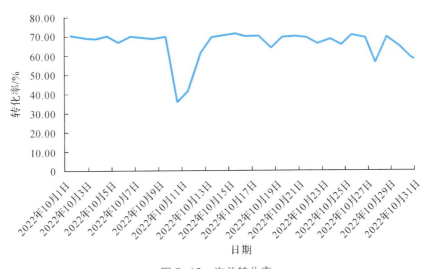

图 5-12　询单转化率

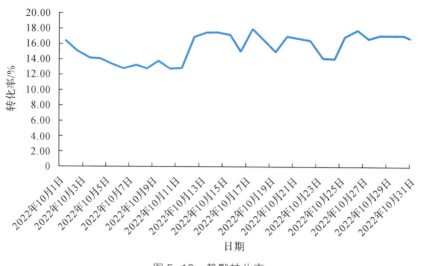

图 5-13　静默转化率

步骤 2：转化率数据突出显示

通过添加数据条对数据进行突出显示，反映哪个转化率指标出现了问题。首先选中需要处理的数据，然后单击【条件格式】按钮，在其下拉菜单中选择【数据条】选项，选定颜色突出显示，如图 5-14 所示。结果如图 5-15 所示。

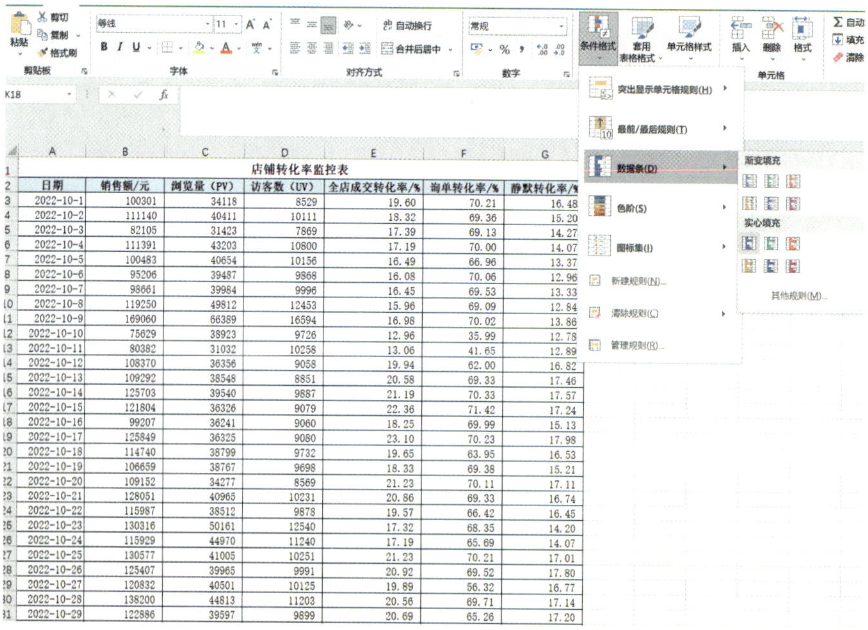

图 5-14　【条件格式】功能区

	A	B	C	D	E	F	G
				店铺转化率监控表			
	日期	销售额/元	浏览量（PV）	访客数（UV）	全店成交转化率/%	询单转化率/%	静默转化率/%
	2022-10-1	100301	34118	8529	19.60	70.21	16.48
	2022-10-2	111140	40411	10111	18.32	69.36	15.20
	2022-10-3	82105	31423	7869	17.39	69.13	14.27
	2022-10-4	111391	43203	10800	17.19	70.00	14.07
	2022-10-5	100483	40654	10156	16.49	66.96	13.37
	2022-10-6	95206	39487	9868	16.08	70.06	12.96
	2022-10-7	98661	39984	9996	16.45	69.53	13.33
	2022-10-8	119250	49812	12453	15.96	69.09	12.84
	2022-10-9	169060	66389	16594	16.98	70.02	13.86
	2022-10-10	75629	38923	9726	12.96	35.99	12.78
	2022-10-11	80382	31032	10258	13.06	41.65	12.89
	2022-10-12	108370	36356	9058	19.94	62.00	16.82
	2022-10-13	109292	38548	8851	20.58	69.33	17.46
	2022-10-14	125703	39540	9887	21.19	70.33	17.57
	2022-10-15	121804	36326	9079	22.36	71.42	17.24
	2022-10-16	99207	36241	9060	18.25	69.99	15.13
	2022-10-17	125849	36325	9080	23.10	70.23	17.98
	2022-10-18	114740	38799	9732	19.65	63.95	16.53
	2022-10-19	106659	38767	9698	18.33	69.38	15.21
	2022-10-20	109152	34277	8569	21.23	70.11	17.11
	2022-10-21	128051	40965	10231	20.86	69.33	16.74
	2022-10-22	115987	38512	9878	19.57	66.42	16.45
	2022-10-23	130316	50161	12540	17.32	68.35	14.20
	2022-10-24	115929	44970	11240	17.19	65.69	14.07
	2022-10-25	130577	41005	10251	21.23	70.21	17.01
	2022-10-26	125407	39965	9991	20.92	69.52	17.80
	2022-10-27	120832	40501	10125	19.89	56.32	16.77
	2022-10-28	138200	44813	11203	20.56	69.71	17.14
	2022-10-29	122886	39597	9899	20.69	65.26	17.20

图 6-15　数据突出显示

接下来，可以利用条件格式对与转化率相关的数据进行设置，更加直观地看出数据的大小变化。首先选中需要处理的数据，然后单击【条件格式】按钮，在其下拉菜单中选择【色阶】选项，选定颜色，为单元格区域添加颜色渐变。完成各列数据的色阶添加，结果如图 5-16 所示。注意：需要一列一列分开设置色阶。

	A	B	C	D	E	F	G
				店铺转化率监控表			
	日期	销售额/元	浏览量（PV）	访客数（UV）	全店成交转化率/%	询单转化率/%	静默转化率/%
	2022-10-1	100301	34118	8529	19.60	70.21	16.48
	2022-10-2	111140	40411	10111	18.32	69.36	15.20
	2022-10-3	82105	31423	7869	17.39	69.13	14.27
	2022-10-4	111391	43203	10800	17.19	70.00	14.07
	2022-10-5	100483	40654	10156	16.49	66.96	13.37
	2022-10-6	95206	39487	9868	16.08	70.06	12.96
	2022-10-7	98661	39984	9996	16.45	69.53	13.33
	2022-10-8	119250	49812	12453	15.96	69.09	12.84
	2022-10-9	169060	66389	16594	16.98	70.02	13.86
	2022-10-10	75629	38923	9726	12.96	35.99	12.78
	2022-10-11	80382	31032	10258	13.06	41.65	12.89
	2022-10-12	108370	36356	9058	19.94	62.00	16.82
	2022-10-13	109292	38548	8851	20.58	69.33	17.46
	2022-10-14	125703	39540	9887	21.19	70.33	17.57
	2022-10-15	121804	36326	9079	22.36	71.42	17.24
	2022-10-16	99207	36241	9060	18.25	69.99	15.13
	2022-10-17	125849	36325	9080	23.10	70.23	17.98
	2022-10-18	114740	38799	9732	19.65	63.95	16.53
	2022-10-19	106659	38767	9698	18.33	69.38	15.21
	2022-10-20	109152	34277	8569	21.23	70.11	17.11
	2022-10-21	128051	40965	10231	20.86	69.33	16.74
	2022-10-22	115987	38512	9878	19.57	66.42	16.45
	2022-10-23	130316	50161	12540	17.32	68.35	14.20
	2022-10-24	115929	44970	11240	17.19	65.69	14.07
	2022-10-25	130577	41005	10251	21.23	70.21	17.01
	2022-10-26	125407	39965	9991	20.92	69.52	17.80
	2022-10-27	120832	40501	10125	19.89	56.32	16.77
	2022-10-28	138200	44813	11203	20.56	69.71	17.14
	2022-10-29	122886	39597	9899	20.69	65.26	17.20
	2022-10-30	125277	40841	10210	20.45	59.36	17.13
	2022-10-31	131187	44847	11211	19.80	55.69	16.48

图 5-16　转化率监控报表

请结合报表中的数据及色阶显示结果，分析全店成交转化率、询单转化率、静默转化率数据变化，找出引起销售额下降的主要原因，并提出改进建议。

知识园地

1. 数据监控和诊断

数据监控和诊断通常可以利用生意参谋工具来进行。进入生意参谋工具，选择监控看板，进行市场诊断，在这个页面中需要关注行业排名（见图 5-17）。哪些因素会影响行业排名呢?

淘宝平台在对店铺进行行业排名时主要依据一段时间内店铺的销售额、流量、转化率和动态评分等。所以通过分析行业排名的变动,可以帮助店铺审视经营方面的问题。

图 5-17   生意参谋市场诊断

进入流量纵横,选择流量看板,开展流量诊断,关注异常数据,主要包括人均浏览量、平均停留时长(见图 5-18)。影响这 2 个指标的因素有哪些呢?

人均浏览量是不是越高越好?其实不是,通常需要将该指标与转化成交类指标结合起来看:如果人均浏览量高,转化成交情况好,说明消费者对店铺商品比较感兴趣;相反,说明消费者在做购买决策时比较犹豫,也正反映出店铺在详情页设计的视觉效果、卖点呈现、用户评价及关联营销设计等方面不够有竞争优势。同理,分析平均停留时长也需要将其与转化成交类指标结合起来。所以,影响人均浏览量和平均停留时长的因素主要有店铺详情页设计的视觉效果、卖点呈现、用户评价及店铺关联营销设计。

在品类页面,能看到各单品的支付金额、支付件数、支付转化率、商品加购件数和商品访客数。在这个页面发现第三件产品的加购件数与访客数出现了 47.06% 和 36.87% 的下降,那么这款产品就是问题产品,要对其进行产品诊断(见图 5-19)。

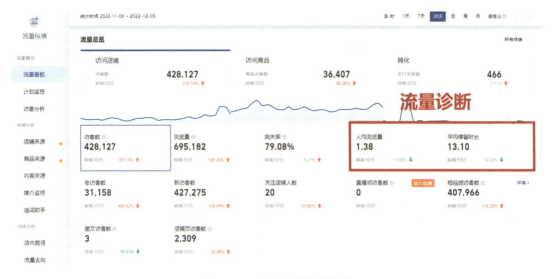

图 5-18　生意参谋流量诊断

图 5-19　生意参谋产品诊断

　　影响加购件数的因素可能是流量精准度和产品承接转化能力。流量精准度越高，说明吸引进店的访客人群特征和需求与店铺的目标人群越一致，他们的需求能够在店铺得到满足。产品承接转化能力越强，说明详情页的视觉效果、商品卖点呈现、评价、价格及促销等要素越能引导消费者加购或者成交。影响商品访客数的因素可能是店铺推广力度和质量分，可以通过提升这 2 个因素来增加商品的展现量，并吸引客户点击浏览。

　　2. 店铺数据分析报告撰写

　　数据分析报告可以分为 8 个部分：目录、前言、摘要、数据采集说明、

店铺数据分析
报告撰写

数据分析过程、数据可视化呈现、数据分析结果与建议、附录。

前言应着重强调编制数据分析报告的原因、背景、目的和思路等内容，让报告使用者可以更好地使用其中的数据信息。

对于篇幅较长的数据分析报告，如综合分析报告，摘要应位于正文的前面，以系统地说明本次数据分析的大体情况，说明分析过程中涉及的主要指标、分析方法及数学模型等，让报告使用者对本次数据分析有更为深刻和全面的认识。

数据采集说明需要重点说明数据采集的渠道、程序、方法和内容等，以表明数据采集的真实性和准确性，进而说明此数据分析报告的真实性和专业性。

数据分析过程是数据分析报告的重点，需要将整个分析内容充分展示出来，让报告使用者可以直观地了解本次数据分析的方法和过程。

数据可视化呈现可与数据分析过程结合起来，以更为直观地显示数据分析的情况，也有助于报告使用者理解报告内容。

数据分析结果只需准确且简洁地体现数据分析的结果。建议是对数据分析结果的总结，通过总结给出正确的建议，辅助决策者制订出正确的策略。

附录需要提供正文中已涉及但未详细阐述的有关资料，如报告中涉及的专业名词解释、计算方法、数据模型原理、重要原始数据等，供报告使用者查阅。

以天猫母婴店销售数据分析为例，在撰写销售数据分析报告时需要明确店铺信息、数据分析目的、数据分析的核心问题、结论与建议等，具体如图5-20和图5-21所示。

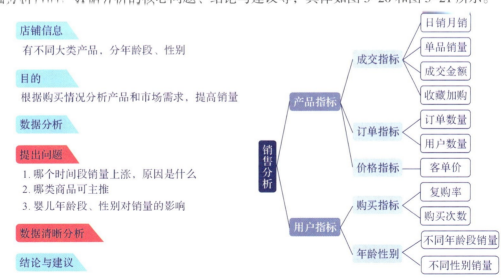

图 5-20　数据分析报告大纲

问题一：销量上涨的原因有哪些？

1. 数据分析
季度对比、月度对比、日度对比

2. 分析上涨原因
从产品、营销活动、投放宣传、购买渠道等方面假设分析
1）产品：新品带动、组合带动
2）营销活动：平台促销活动、店铺促销活动、价格变动
3）投放宣传：站内投放、站外投放
4）购买渠道：站内购买、站外引流购买

结论

1. 今年度促销活动带来了良好增势，其中“双11”中的××营销活动带来的增势最显著，可作为大促期间主推活动

2. 第三季度××新品加入带动当月整个店铺销量上升，且该单品销量逐月增加，可作为主推品增加储备量

3. 根据月度销量对比，某“种草”平台5、6月份的引流购买数持续上升，可在明年尝试平台合作、增加该渠道投放量

图 5-21　数据分析过程大纲

思考

1. 全店成交转化率、询单转化率和静默转化率之间的关系是什么？

2. 影响全店成交转化率、询单转化率和静默转化率的因素是什么？

岗课赛证小贴士

岗位：在店铺运营过程中，当我们发现全店转化率下降时，一般会通过生意参谋交易板块查看如图 5-22 所示的交易漏斗。它主要呈现的是消费者从进店、下单到支付的流程，即经典的漏斗模型。在当天的交易数据中，除了支付买家数以外，访客数、下单买家数、下单金额、支付金额和客单价都有不同程度的下降，那么这些指标的下降能够充分反映出店铺在推广力度、质量分、详情页设计、关联营销及促销活动力度等方面的问题，这时卖家需要引起重视。

技能赛：如果在沙盘运营中出现转化率下降，需要结合各个市场的出单情况，找出影响出单的因素，再改进。

证书：结合色阶和数据条分析数据变化，找出异常数据，并提出改进建议。

图 5-22　生意参谋中的交易漏斗

参考文献

[1]北京博导前程信息技术股份有限公司.电子商务数据分析实践：中级[M].2版.北京：高等教育出版社，2023.

[2]北京博导前程信息技术股份有限公司.电子商务数据分析概论[M].2版.北京：高等教育出版社，2023.

[3]吴敏，萧涵月.商务数据分析与应用：慕课版[M].北京：人民邮电出版社，2022.